内部統制監査の論理と課題

井上善弘 ［著］

創 成 社

はしがき

　我が国の金融商品取引法に基づく内部統制報告制度は，上場企業等を対象とし，財務報告に係る内部統制の経営者による評価と監査人による監査をその内容とする。内部統制報告制度は，2008年4月1日以後に開始する事業年度から実施され，今日に至るまで実績を積み重ねてきている。内部統制報告制度のうち，内部統制監査は，ディスクロージャーの信頼性を確保するために，開示企業における財務報告に係る内部統制の有効性に関する経営者の評価に対して，公認会計士等による保証を付与することをその目的としている。

　本書は，我が国において金融商品取引法に基づく法制度として存在する内部統制監査について，監査理論の観点から批判的な検討を試みた理論的研究である。まず，本書における研究の方法について説明したい。

　本研究において制度としての内部統制監査に対する批判的検討の拠り所あるいは基盤とした「監査理論」は，監査に関わる制度を策定する際に制度設計者が本来参照すべき，また監査実務において監査人が依るべき，監査に関する基本的な考え方や思考を指す。この「監査理論」にいう「監査」は，今日において社会的に最も影響力のある財務諸表監査を念頭に置いている。財務諸表監査に関する基本的な考え方や思考は，それが凝縮された形で『監査基準』（企業会計審議会公表，最終改訂2020年11月11日）のなかに反映されている。そこで，本書における「監査理論」は，主として，『監査基準』に示されている財務諸表監査の基本的な考え方や思考を意味する。財務諸表監査の基本的な考え方や思考を内部統制監査に対する批判的検討の拠り所とするのは，内部統制監査と財務諸表監査が一体的に実施されるからである。一体的に実施される場合には，基本的な思考は，監査実施の前提条件から監査報告のあり方まで，両監査において共通する内容を有するものでなければならないと考える。

　本書は，内部統制監査を規制する基準（「財務報告に係る内部統制の評価及び監査の基準並びに財務報告に係る内部統制の評価及び監査の実施基準の改訂について（意見書）」。企業会計審議会公表，最終改訂 2019 年 12 月 13 日）と実務指針（「監査・保証実務委員会報告第 82 号　財務報告に係る内部統制の監査に係る実務上の取扱い」。日本公認会計士協会監査・保証実務委員会公表，最終改訂 2020 年 3 月 17 日）を批判的検討の主な対象としている。内部統制監査の担い手である監査人は，職業的専門家として，当該基準及び実務指針に従って監査を実施しなければならない。したがって，監査人が実践する内部統制監査の内容や特質は，これらの基準や実務指針によって決定されることになる。もし，これらの基準や実務指針に上述の「監査理論」の観点からみて問題となるところがあれば，その問題点はそのまま内部統制監査の実践的内容に反映されることになる。本書が内部統制監査を規制する基準及び実務指針を批判的検討の対象として措定した理由は，ここにある。

　続いて，本書の概要と，本書で展開された研究の特徴について述べる。本書は，まず，我が国において内部統制報告制度を導入する際に，経営者による評価及び監査人による監査の基準の策定に当たり，評価・監査に係るコスト負担が過大とならないための方策が講じられたことに着目した。

　その上で，経営者による評価及び監査人による監査の基準に組み込まれた評価・監査に係るコスト負担の軽減策，とりわけ，「ダイレクト・レポーティングの不採用」・「トップダウン型のリスク・アプローチの活用」・「内部統制監査と財務諸表監査の一体的実施」の 3 つの方策が我が国の内部統制監査の特質を決定付ける主たる要因となったことについて，各方策が具体的に内部統制監査のいかなる側面を特徴付けているかを示しながら，明らかにした。

　また，それら 3 つの方策が，内部統制監査に関わる，監査実施の前提条件，財務諸表監査との関係性，監査の実効性，監査報告の理解可能性等，広範な論点にわたる課題を惹起していることを，各方策と課題との関連性を示しつつ，明確な形で指摘した。

　さらに，上記の課題を解決するための処方箋となるべく，内部統制監査の将来あるべき姿に向けた提言を行った。本書における提言は，我が国の内部統制

監査が情報監査の枠組みで実施されることを前提に，財務諸表監査の基本的な考え方や思考を拠り所にしながら，内部統制監査と財務諸表監査との間の関係性を基礎にした両者の有機的結合を志向する内容となっていることに，その特徴がある。

　本書を上梓するうえで，またこれまでの学究生活のなかで，筆者は多くの方々にお世話になっている。とくに，神戸大学名誉教授の森實先生より賜った大きな学恩に対してこの場を借りて心よりお礼を申し上げる次第である。

　本書は，西南学院大学経営学研究科に提出した博士学位請求論文を基礎にしている。学位論文審査の任をお引き受けくださった，伊藤龍峰先生（西南学院大学商学部教授），長吉眞一先生（明治大学専門職大学院会計専門職研究科教授），工藤栄一郎先生（西南学院大学商学部教授）に対して深甚なる感謝の意を表する。とくに主査をしていただいた伊藤龍峰先生には，いろいろとご高配を賜り，感謝の気持ちでいっぱいである。

　さらに，筆者に研究の場を与え，日頃より種々のご指導・ご鞭撻をいただいている香川大学経済学部の諸先生方のご厚意に感謝申し上げたい。

　終わりに，出版に際して献身的にご協力いただいた株式会社創成社の西田徹氏に対して深く謝意を申し上げる次第である。

2021 年 2 月 3 日

父母の慈恵の不二を銘じつつ

井上善弘

目　次

― 序　章 ―

日本型内部統制監査の特質と課題

Ｉ　はじめに

　我が国の金融商品取引法に基づく内部統制報告制度は，上場企業等を対象とし，財務報告に係る内部統制の経営者による評価と公認会計士又は監査法人（以下，本書において「監査人」という）による監査をその内容とする[1]。内部統制報告制度は，2008年4月1日以後に開始する事業年度から実施され，今日に至るまで実績を積み重ねてきている。

　内部統制報告制度が創設されることとなった背景について，その当時において，「昨今，証券取引法上のディスクロージャーをめぐって不適正な事例が相次いで明らかになっているが，そこでは，財務報告に係る企業の内部統制が有効に機能していなかったのではないかとの指摘があり，企業における内部統制強化の必要性が指摘された。」[2]との説明がある。すなわち，経営者に対して財務報告に係る内部統制の有効性の評価を義務付け，その評価結果を監査人に検証させることで，開示企業の財務報告に係る内部統制を強化させる。それを通して開示企業のディスクロージャーの適正を確保し，その信頼性を確保することに，内部統制報告制度の目的はあると言える。

　内部統制報告制度のうち，本書の主題である監査人による監査は，「ディスクロージャーの信頼性を確保するために，開示企業における財務報告に係る内部統制の有効性に関する経営者の評価に対する公認会計士等による保証を付与すること」[3]をその目的としている。

　ところで，内部統制報告制度を導入するに当たり，当初より制度設計者が考慮しなければならない重要な問題があった。それは，制度を運用する上で，経

営者及び監査人が負担しなければならないコストの問題であった。そこで，経営者による評価及び監査人による監査の基準の策定に当たって，評価・監査に係るコスト負担が過大とならないための方策が講じられた[4]。これらの方策は，経営者による評価の負担を軽減させることを意図したものと，監査人による監査の負担を軽減させることを意図したものに大別できる[5]。しかしながら，後に詳述するように，監査人は経営者による財務報告に係る内部統制の評価結果を監査の対象とするため，経営者による評価の負担の軽減策も内部統制監査に大きな影響を及ぼすことになる。

　経営者による評価及び監査人による監査の基準に組み込まれた評価・監査に係るコスト負担の軽減策は，我が国の内部統制監査の特質を決定付ける主たる要因となった。と同時に，それは，我が国の内部統制監査に，監査理論上及び監査実践上，看過することのできない課題を突き付けることになった。それら課題は，内部統制監査に関わる，監査実施の前提条件，財務諸表監査との関係性，監査の実効性，監査報告の理解可能性等，広範な論点にわたるものである。本書は，以上の課題について，それらが生じた背景や理由とともに整理・分析すること[6]，そして，その上で，我が国の内部統制監査の将来のあるべき姿を，主として監査理論の観点から提言することを目的とする[7]。

　ここで，本書に言う「監査理論」がどのような意味内容を有するものであるかについて説明したい。本書において「監査理論」とは，監査に関わる制度を策定する際に制度設計者が本来参照すべき，また監査実務において監査人が依るべき，監査に関する基本的な考え方や思考を指す。なお，この監査理論にいう「監査」は，今日において社会的に最も影響力のある財務諸表監査を念頭に置いている。財務諸表監査に関する基本的な考え方や思考は，それが凝縮された形で『監査基準』[8]の中に反映されているものと考える。『監査基準』は，「監査実務のなかに慣習として発達したものの中から，一般に公正妥当と認められたところを帰納要約した原則であって，職業的監査人が，財務諸表の監査を行うに当たり，法令によって強制されなくとも，常にこれを遵守しなければならない」[9]ものとされているからである。それゆえ，本書における「監査理

論」は，主として，『監査基準』に示されている財務諸表監査の基本的な考え方や思考を意味する[10]。

　後述するように，内部統制監査は同一の監査人により財務諸表監査と一体となって実施される。それゆえ，財務諸表監査の基本的な考え方や思考と，内部統制監査のそれとが矛盾するないし整合性を欠くことは，本来，許されるべきではない。基本的な考え方や思考は，監査実施の前提条件から監査報告のあり方まで，両監査において共通する内容を有するものでなければならない[11]。

　そこで，我が国の内部統制監査を批判的に検討し，その将来あるべき姿を提言する際の拠り所として，『監査基準』で展開されている財務諸表監査の基本的な考え方や思考を取りあげることが正当化されるものと思考される。

　序章である本章では，まず，我が国において内部統制報告制度が導入された背景と経緯について，本書における議論に関係する事柄を中心にその概略を述べる。また，2度にわたって実施された基準の改訂について，それらの背景と概要について説明する。それに続いて，内部統制報告制度を創設するに当たり経営者による評価及び監査人による監査の基準に組み込まれた，評価・監査に係るコスト負担の軽減策のうちで，特に我が国の内部統制監査の特質を決定付けた，「ダイレクト・レポーティングの不採用」・「トップダウン型のリスク・アプローチの活用」・「内部統制監査と財務諸表監査の一体的実施」の3つを取りあげ，それらの方策が我が国の内部統制監査をどのように特徴付けているか説明する。それと同時に，それらの方策の採用が惹起した課題について論じる。

II　内部統制報告制度導入の背景と経緯

1　内部統制報告制度の導入の背景

　我が国において内部統制報告制度が導入された背景には，2004年10月中旬以降，西武鉄道による有価証券報告書の「大株主の状況」における持株比率の過小記載の事例をはじめ，証券取引法上のディスクロージャーについて不適正

な事例が相次いで発生したという事実がある[12]。

　金融庁は，証券取引法上のディスクロージャーについて不適正な事例が相次いで判明した状況を踏まえ，2004年11月16日に「ディスクロージャー制度の信頼性確保に向けた対応について」（金融庁［2004a］）なる文書を公表した。そのなかで，金融庁は，「10月中旬以降，証券取引法上のディスクロージャーをめぐり，不適正な事例が相次いで判明している。これはディスクロージャー制度に対する国民の信頼を揺るがしかねない事態であると認識しており，ディスクロージャー制度に対する信頼性の確保に向け，以下の方策を強力に推進していくものとする。」とした。そして，その方策の1つとして，「3．開示制度の整備」を挙げ，次のように言う[13]。

　　「　開示制度をめぐる，金融審議会第一部会ディスクロージャー・ワーキング・グループにおける検討の中で，以下の事項についての検討を要請する。

　　（1）財務報告に係る内部統制の有効性に関する経営者による評価と公認会計士等による監査のあり方」

　金融庁は，引き続いて，「ディスクロージャー制度の信頼性確保に向けた対応（第二弾）について」（金融庁［2004b］）を2004年12月24日発表し，「3．開示制度の整備　（1）財務報告に係る内部統制の有効性に関する経営者による評価と公認会計士等による監査」として，次のような対応を行うとした[14]。

　　「　現在任意の制度として導入されている経営者による確認書制度の活用を促すとともに，経営者による評価の基準及び公認会計士等による検証の基準の明確化を企業会計審議会に要請し，当該基準に示された実務の有効性等を踏まえ，評価及び検証の義務化につき検討する。」[15]

証券取引法上のディスクロージャーをめぐり不適正な事例が相次いで発生したのは，ディスクロージャーの適正を確保するための企業の内部統制が有効に機能していなかったことがその背景ないし原因と考えられていたと思考される。そこで，ディスクロージャーの信頼性を確保するための方策として，財務報告に係る内部統制の有効性に関する経営者による評価と公認会計士等による検証の義務化が検討の俎上に載せられたのである。

　ともあれ，財務報告に係る内部統制の経営者による評価の基準と公認会計士等による検証の基準の策定は，企業会計審議会に委ねられることになった。こういった基準の策定が企業会計審議会の場で行われることになった理由は，企業会計審議会が従来，公認会計士等による財務諸表の監査の基準（『監査基準』）を策定してきたことにある。ただし，経営者による内部統制評価の基準の策定については，これまでにはない全く新しい役割を企業会計審議会が担うことになったと言える。なお，公認会計士等による「検証」が「監査」とされた背景ないし理由については後述する。

2　内部統制報告制度の導入の経緯

　金融庁による対応策の公表を受けて，企業会計審議会は，2005年1月28日に開催された総会において，企業会計審議会に新たに内部統制部会（部会長：八田進二　青山学院大学教授）を設け，当部会において「財務報告に係る内部統制の有効性に関する経営者による評価の基準及び公認会計士等による検証の基準について策定を行う」ことを決議した。内部統制部会による審議は，2005年2月23日の第1回会議を皮切りに，基準として成案をみるまで計16回にわたって行われた。審議の過程において，基準の策定に当たって利害関係を有する者から広く意見を聴取すべく，四大監査法人，日本監査役協会，日本内部監査協会，日本弁護士連合会等からの参考人による意見聴取が行われた。内部統制部会の審議は，「財務報告に係る内部統制の経営者による評価及び監査の基準並びに財務報告に係る内部統制の評価及び監査の実施基準（意見書）」（企業会計審議会［2007］）として結実し，2007年2月15日に企業会計審議会より公表され

た[16]。

　ここで，本書における考察との関係で，審議の過程で特に考慮された事項について言及しておきたい。それは，財務報告に係る内部統制に関する経営者による評価と監査人による検証に関わるコスト負担に関係している。当該事項については，先に述べた（注14を参照）第一部会報告にその端緒を観て取ることができる。以下，少し長くなるが引用する（ただし，下線は引用者）。

　　「・・・，米国の企業改革法においては，経営者に年次報告書の開示が適正である旨の宣誓を義務づけるとともに，財務報告に係る内部統制の有効性を評価した内部統制報告書の作成を経営者に義務づけ，さらにこれについて公認会計士等による検証を受けることとされている。この米国の手法については，内部統制の有効性評価に当たっての事務コストが，とりわけ事務プロセスの文書化に関して多大である，あるいは米国流のコーポレート・ガバナンスの基準に基づくものであり，日本には必ずしも馴染まないといった指摘がある一方，我が国においても，内部統制を構築し有効に機能させる責任が経営者にあることは明らかであり，実効性を失わせない形でできる限りタイムリーでコストがかからないようにする等の工夫はあるにせよ，その有効性は否定できないとの指摘がある。」（第一部会報告・2）

　今回導入を検討する内部統制報告制度について，制度の実効性を失うことなく「タイムリーでコストがかからないようにする」ことが当初より重要な課題の１つであったことが，上記の引用文より観取できるのである。第一部会報告におけるこのような思考は，制度設計の任に当たった内部統制部会の審議において，当然とはいえ考慮されることとなった。それは，旧意見書の前文（二（4））に以下のごとく，「公認会計士等による検証の水準とコスト負担の考慮」のタイトルの下で明確な形で述べられている。

　　「・・・，具体的な「監査」手続等の内容を検討するに当たっては，監査人の

みならず，財務諸表作成者その他の関係者にとって過度の負担にならないように留意する必要がある。このため，経営者による評価及び監査人による監査の基準の策定に当たっては，評価・監査に係るコスト負担が過大なものとならないよう，先行して制度が導入された米国における運用の状況等も検証し，具体的に以下の方策を講ずることとした。」

　具体的な方策の内容については，後で詳細に検討することにする。ここでは，我が国の内部統制報告制度が，その基準策定に当たって，経営者及び監査人によるコスト負担の軽減をその重要な制約条件としていた事実を指摘することに留めたい。

III　内部統制報告制度改訂の背景と概要

1　2011年基準改訂

（1）改訂の背景

　内部統制報告制度が導入された2008年度からおよそ3年が経過した2011年3月30日に，企業会計審議会より，「財務報告に係る内部統制の評価及び監査の基準並びに財務報告に係る内部統制の評価及び監査の実施基準の改訂について（意見書）」（企業会計審議会［2011］，以下「前意見書」という）が公表された。

　この基準改訂の背景には，かねてより金融庁から，「内部統制報告制度（確認書制度を含む。）導入後，同制度のレビューを適時に行い，その結果を踏まえ，必要に応じ，内部統制の評価及び監査の基準・実施基準の見直しや更なる明確化等を検討する。」[17]との見解が表明されていたことがある。また，前年（2010年）6月に閣議決定された「新成長戦略〜「元気な日本」復活のシナリオ〜」において，「中堅・中小企業に係る会計基準・内部統制報告制度等の見直し，四半期報告の大幅簡素化など，所要の改革を2010年中に行う。」[18]と述べられていたことも，基準改訂の契機であったと言える。

　もちろん，そういった上からの要請だけが改訂のきっかけだったわけではな

い。前意見書の前文には，「制度導入後２年が経過し，実際に制度を実施した上場企業等からは，その経験を踏まえ，内部統制の基準・実施基準等の更なる簡素化・明確化等を求める内部統制報告制度に関する要望・意見が金融庁等に寄せられた」（前意見書前文・一（１））との説明がある。内部統制報告書を作成する企業サイドからの内部統制の基準・実施基準等のさらなる簡素化・明確化等を求める金融庁への要望が，基準改訂に至る重要な要因であったことは間違いない。

（２）改訂の概要

前意見書では，次に挙げる３つの観点から制度の改訂が行われた[19]。

① 企業の創意工夫を生かした監査人の対応の確保
　○経営者による会社の状況等を考慮した内部統制の評価の方法等を適切に理解・尊重した上で内部統制監査を実施する必要性
　○中堅・中小上場企業に対する監査人の適切な指導的機能の発揮
　○内部統制監査と財務諸表監査の一層の一体的実施を通じた効率化

② 内部統制の効率的な運用手法を確立するための見直し
　○企業において可能となる評価手続・評価方法等の簡素化・明確化
　（例）毎年，業務プロセスごとに行われている評価手続のローテーション化（隔年評価）
　○「重要な欠陥」等の判断基準の明確化
　○中堅・中小上場企業における評価方法・手続等の簡素化・明確化
　（例）一律に，通期あるいは組織内の各階層において必ず評価を求められるものではないことを明確化

③「重要な欠陥」の用語の見直し
　○重要な欠陥という用語は企業自体に「欠陥」があるとの誤解を招くおそれがあるとの指摘があり，「開示すべき重要な不備」との見直し

　上記の改訂事項から判断できるように，改訂の多くは企業（経営者）による内部統制評価の簡素化を通じたコスト負担の軽減を意図する内容となっている。経営者による内部統制評価の簡素化がそのまま監査コストの低減につながるとは限らないとはいえ，我が国の内部統制報告制度が旧意見書の策定当時から一貫して評価・監査に係るコスト負担の軽減を重要な課題としていることが，改訂内容からも観取できる。

　また，内部統制監査と財務諸表監査の一層の一体的実施により，内部統制監査と財務諸表監査の双方を効果的かつ効率的に実施することが，監査人に求められている。ここでは，単に効率的に実施することが求められているだけではなく，とりわけ内部統制監査について，財務諸表監査との一体的実施を通して，「監査」の保証水準を維持することが求められているものと思われる。この点については，後に詳述することにする。

　なお，旧意見書において，「重要な欠陥」は「財務報告に重要な影響を及ぼす可能性が高い内部統制の不備をいう。」[20] とされている。内部統制の不備のうち，「財務報告に重要な影響を及ぼす可能性が高い」不備を言うのであって，財務報告に重要な虚偽記載が既に発生していることを指すのではない。ましてや，企業自体に「欠陥」があるわけではない。それゆえ，「重要な欠陥」から「開示すべき重要な不備」への用語の変更は，首肯できるものである。開示すべき重要な不備についてのこれ以上の考察は，それに関わる判断基準の問題も含め，後の章にゆずることにする。

2　2019年基準改訂

（1）改訂の背景

　企業会計審議会は，2019年12月6日に「財務報告に係る内部統制の評価及び監査の基準並びに財務報告に係る内部統制の評価及び監査の実施基準の改訂について（意見書）」（企業会計審議会 [2019]，以下，「意見書」という）を公表した[21]。

　今回で2度目となる基準改訂の背景には，2018年7月5日における，財務諸表の監査を規制する『監査基準』の改訂がある[22]。2018年改訂の『監査基

準』においては，我が国の監査プロセスの透明性を向上させる観点から，監査人に対して新たに監査報告書において「監査上の主要な検討事項」[23]の記載を求めることとなった。また，「監査上の主要な検討事項」の記載に加えて，監査報告書の記載内容の明瞭化や充実を図ることを目的にした改訂がなされている。そのうちで，内部統制監査に係る基準に影響を及ぼした改訂は以下の通りであった（「監査基準の改訂について」（企業会計審議会［2018］）前文・二・2 (2)）。

  ・監査人の意見を監査報告書の冒頭に記載することとし，記載順序を変更するとともに，新たに意見の根拠の区分を設ける
  ・経営者の責任を経営者及び監査役等の責任に変更し，監査役等の財務報告に関する責任を記載する

（2）改訂の概要

　先述したように，内部統制監査報告書と財務諸表監査報告書は一体的に作成される[24]。それゆえ，内部統制監査報告書の記載事項について，これを財務諸表監査報告書の記載事項の変更や追加に平仄を合わせる形で改訂する必要がある。それまでの我が国の財務報告に係る内部統制の評価及び監査の基準では，内部統制監査報告書には，内部統制監査の対象，経営者の責任，監査人の責任，監査人の意見を区分した上で記載することが求められていた。この点に関して，今回の基準改訂により，内部統制監査報告書の記載事項について以下の改訂が行われることとなった[25]。

  ・監査人の意見を内部統制監査報告書の冒頭に記載することとし，記載順序を変更するとともに，新たに意見の根拠区分を設ける
  ・経営者の責任を経営者及び監査役等（監査役，監査役会，監査等委員会又は監査委員会をいう）の責任に変更し，監査役等の財務報告に係る内部統制に関する責任を記載する

Ⅳ　ダイレクト・レポーティング不採用の理由とその含意

1　ダイレクト・レポーティング不採用の理由

　旧意見書は，財務報告に係る内部統制の評価及び監査の制度が，監査人のみならず，財務諸表作成者その他の関係者にとって過度の負担にならないための方策，つまり，評価・監査に係るコスト負担の軽減策のひとつとして，ダイレクト・レポーティングの不採用を挙げている。すなわち，旧意見書は，「監査人は，経営者が実施した内部統制の評価について監査を実施し，米国で併用されているダイレクト・レポーティング（直接報告業務）は採用しないこととした。この結果，監査人は，経営者の評価結果を監査するための監査手続の実施と監査証拠等の入手を行うこととなる。」（旧意見書前文二・(4)③）と述べて，ダイレクト・レポーティングの不採用を明確に謳っている[26]。

　コスト負担の軽減以外のダイレクト・レポーティングの不採用の理由に関しては，ダイレクト・レポーティングが導入されると，「どこまでやればよいのかという基準を示したうえで，それができているかどうかを検証する「不正摘発型監査」になってしまう」，「企業にとっては，監査人と協力しながら監査を受けるというよりも，監査人と敵対しながら監査を受けるということになってしまう」（八田［2006］，111頁）等の，監査を実施する際の監査人の基本姿勢に及ぼす影響や監査人と企業との間の関係の悪化に対する懸念が指摘されている。

　また，そもそも，財務報告に係る内部統制に限らず内部統制全般について，経営者はそれを整備し，かつ運用する役割と責任を有している。したがって，財務報告に係る内部統制の有効性を評価し，その結果をステイクホルダーに報告する第一義的な責任は，当然，監査人の側にではなく，経営者の側にあると言える。それゆえ，まず，経営者に財務報告に係る内部統制を評価させ，その評価結果に対して監査を実施する方法は，経営者の財務報告に係る内部統制の整備及び運用の責任を財務諸表利用者に対して知らしめる点では，優れている

とも言えよう。

2 ダイレクト・レポーティングの不採用がもつ意味

（1）対極にある2つの考え方

　それでは，そもそもダイレクト・レポーティングの不採用は，監査実施ある
いは監査報告に対してどのような意味をもっているのであろうか。すなわち，
ダイレクト・レポーティングの不採用は，ダイレクト・レポーティングを導入
した場合と比較して，監査対象の範囲並びに監査実施及び監査報告の方法等に
どのような影響を及ぼすのか。ここでは，理論上想定可能な両極にある2つの
考え方について検討してみることとする。

　まず，一方の極にある考え方は，ダイレクト・レポーティングの不採用とい
うことは，文字通り監査人が内部統制監査報告書において財務報告に係る内部
統制の有効性それ自体に関して意見表明をしないことだけを意味する，という
考え方である。例えば，「…，内部統制に対する経営者の評価・報告を検証す
る際には，監査人も独自に内部統制の有効性を評価し，これと経営者の評価と
を「突き合わせる」ことも，当然必要と考えているが，そうした監査人の直接
評価を内部統制監査報告書に記載することは，内部統制監査における「二重責
任の原則」という点から，問題があると考えている。すなわち，監査人は内部
統制の有効性に関して，「独自に」「直接」評価すべきであるが，その結果を外
部に報告すべきではない…。」（山﨑［2006］,40頁）とする考え方がこれに近い。

　しかしながら，こういった考え方に対しては，1つの疑問が生じる。つま
り，先述したように，ダイレクト・レポーティングの不採用は財務報告に係る
内部統制の評価・監査に係るコスト負担の軽減策として採用された方策であ
る。にもかかわらず，監査人は内部統制の有効性を「独自に」「直接」評価す
る。ダイレクト・レポーティングの不採用は単に内部統制監査報告書において
財務報告に係る内部統制の有効性それ自体に関して意見表明をしないことだけ
を意味するとすれば，本当にそれがコスト負担の軽減策たり得るのだろうか。

　他方の極にある考え方は，内部統制監査における監査対象は財務報告に係る

内部統制に関して経営者が決定した評価範囲，実施した評価手続及び評価結果にあくまでも限定されるのであって，財務報告に係る内部統制それ自体は（意見表明の対象としないだけではなく）直接的な評価の対象としない，という考え方である。内部統制基準は，内部統制監査報告書において無限定適正意見を表明することを不可能とさせる除外事項として，経営者が決定した評価範囲，評価手続及び評価結果に関して不適切なものがある場合の当該事項を挙げている（内部統制基準Ⅲ・4 (4)）。また，先ほど引用した旧意見書の見解，すなわち，「監査人は，経営者の評価結果を監査するための監査手続の実施と監査証拠等の入手を行うこととなる。」を字句通りに受け取れば，監査対象は経営者による評価結果及びそれに至る過程に限定されることになる。

　しかしながら，内部統制基準に示されている考え方あるいは規定の内容を検討すると，監査対象は必ずしも経営者が決定した評価範囲，実施した評価手続及び評価結果に限定されないことがわかる。換言すれば，監査人が経営者とは独立した視点から内部統制の有効性を評価する場合も当然あり得るのである。例えば，監査人は，経営者による業務プロセスに係る内部統制の評価の妥当性を検討するに当たって，「経営者による全社的な内部統制の評価の状況を勘案し，業務プロセスを十分に理解した上で，経営者が統制上の要点を適切に選定しているかを評価しなければならない。」（内部統制基準Ⅲ・3 (4)）と規定されている [27]。ところが，監査人が，経営者による統制上の要点の選定の適切さを判断するためには，何が適切な統制上の要点であるかを経営者とは別の視点で評価する必要がある。さもなければ，経営者による統制上の要点の選定を，常にそのまま妥当なものと判断することになりかねない。さらに，内部統制基準は続けて，「監査人は，経営者が評価した個々の統制上の要点について，内部統制の基本的要素が適切に機能しているかを判断するため，実在性，網羅性，権利と義務の帰属，評価の妥当性，期間配分の適切性及び表示の妥当性等の監査要点に適合した監査証拠を入手しなければならない。」（内部統制基準・同上）と規定している [28]。監査人が統制上の要点について「内部統制の基本的要素が適切に機能している」かを判断するためには，経営者の評価結果を評価するだ

けでなく，経営者とは別の視点で内部統制の整備及び運用状況を評価する必要もまたある，と考えられるのである[29]。

（2）評価範囲の決定を巡る経営者と監査人との間の協議の必要性

　内部統制実施基準は，我が国の内部統制監査を「…，内部統制監査においては，内部統制の有効性の評価結果という経営者の主張を前提に，これに対する監査人の意見を表明するものであり，経営者の内部統制の有効性の評価という主張と関係なく，監査人が直接，内部統制の整備及び運用状況を検証するという形はとっていない。」（内部統制実施基準Ⅲ・1）と特徴付けている。このように内部統制監査は，制度上，経営者による内部統制の有効性の評価結果に対して監査人が意見を表明するという建付けとなっている。そうすると，経営者による評価結果が監査より先に存在していることが前提となるが，経営者が評価結果を導き出すためには，当然とはいえ，その前に評価の対象となる内部統制の範囲を経営者は決定しなければならない。有効性を評価する対象，すなわち評価範囲が決定されてはじめて，実施すべき評価手続を選択でき，評価結果を導き出すことができる。したがって，財務報告に係る内部統制の評価に当たっては，その成否ないし適否は評価範囲の妥当性に左右されるといって差支えない。そのため，内部統制監査においても，監査人が経営者により決定された評価範囲の妥当性を検討する段階は，重要な位置を占めることになる。こういった状況が生じる原因は，ひとえに，我が国の内部統制監査がダイレクト・レポーティングを採用していないことにある[30]。

　しかしながら，ダイレクト・レポーティングを不採用としたことにより，監査人による評価範囲の妥当性の検討に関連して，監査理論の観点からすると軽視することができない，重大な問題が制度上生じる。経営者は内部統制の有効性を評価する対象として評価範囲を決定するが，内部統制実施基準は，経営者と監査人の双方に対して，評価範囲を巡って両者が協議するように求めているのである。その理由は，「監査人による評価範囲の妥当性の検討の結果，経営者の決定した評価範囲が適切でないと判断されることが考えられ，この場合，

経営者は新たな評価範囲について評価し直す必要が生じるが，その手続の実施には時間的な制約等の困難が伴う場合も想定される。」（内部統制実施基準Ⅲ・3 (2) ③）ことにある。その結果，監査人の側からみれば，「監査人は，経営者が内部統制の評価の範囲を決定した後に，当該範囲を決定した方法及びその根拠等について，必要に応じて経営者と協議を行っておくことが適切である。」（内部統制実施基準・同上）との結論になる[31]。ここにおける，「必要に応じて」，「適切である」との文言をどのように解釈するかにもよるが，本規定は，経営者が実際に評価手続を実施する前に，経営者と監査人との間で評価範囲について合意しておくことを求めるものと，理解せざるを得ないのではないかと思考される。この「協議」に係る規定は，ダイレクト・レポーティングを採用しなかったことによって図らずも生じた副産物と言えるかもしれない。しかしながら，監査人の独立性と二重責任の原則の観点から，評価範囲の決定に際しての経営者と監査人の協議は重大な問題を孕んでいると考えられる[32]。

（3）監査報告に及ぼす影響

　内部統制監査報告書で表明される監査意見は，無限定適正意見の場合，「内部統制報告書が，一般に公正妥当と認められる内部統制の評価の基準に準拠し，財務報告に係る内部統制の評価結果について，全ての重要な点において適正に表示していると認められる。」（内部統制基準Ⅲ・4 (3)）という内容となる。内部統制監査における監査意見は，内部統制報告書の適正性（ないし適正表示）に対する監査人の意見である。換言すれば，監査人は財務報告に係る内部統制の有効性それ自体に対して意見を表明しているのではない[33]。

　財務諸表監査は，投資者にとって重要な意思決定の資料である財務諸表の適正性を意見表明の対象としている。これに対して，内部統制監査の意見表明の対象である内部統制報告書は，投資者にとって直接的な関心の対象とは言えない。つまり，投資者にとっての直接的な関心事は財務報告の信頼性であるのに対して，内部統制報告書は財務報告の信頼性を確保するための内部統制，すなわち財務報告に係る内部統制の有効性について経営者が評価した結果を記載し

た報告書である。投資者は，少なくとも，財務報告に係る内部統制の有効性を写像した結果である内部統制報告書よりも，財務報告に係る内部統制の有効性それ自体に関心をもつと言えるであろう。

　内部統制報告書は，経営者による財務報告に係る内部統制の有効性の評価結果を表示した報告書である。監査人は，内部統制報告書の表示の適正性に対して監査意見を表明する。それゆえ，評価の結果として財務報告に係る内部統制に開示すべき重要な不備があり有効でないこと[34]を，経営者が内部統制報告書において適正に表示している場合，監査人は内部統制監査報告書において無限定適正意見を表明することになる。このケースでは，投資者は，無限定適正意見を通して，「財務報告に係る内部統制に開示すべき重要な不備があり有効でない」との経営者のメッセージの信頼性を保証してもらっていることになる。ダイレクト・レポーティングの下では，こういった状況は生じない。これもまた，ダイレクト・レポーティングを採用しなかったことによって図らずも生じた副産物と言えるかもしれない。内部統制報告書の適正性に対して監査意見を表明するという制度上の建付けの下で，監査意見をその中核とする内部統制監査報告書で発せられる監査人のメッセージを投資者はどう理解すべきなのか。この問題は，監査理論上，極めて重要な意味をもつと言えよう[35]。

V　トップダウン型のリスク・アプローチの活用

1　トップダウン型のリスク・アプローチの意義

　トップダウン型のリスク・アプローチの活用も，ダイレクト・レポーティングの不採用と並んで，内部統制報告制度を創設するに当たって，財務報告に係る内部統制の評価・監査に係るコスト負担の軽減策として採用された方策のひとつである。旧意見書は，トップダウン型のリスク・アプローチの全体像について，「経営者は，内部統制の有効性の評価に当たって，まず，連結ベースでの全社的な内部統制の評価を行い，その結果を踏まえて，財務報告に係る重大な虚偽記載につながるリスクに着眼して，必要な範囲で業務プロセスに係る内

部統制を評価する …。」（旧意見書前文二・(4) ①）と説明している。

　このように，経営者は，トップダウン型のリスク・アプローチの下では，まず，全社的な内部統制の有効性を評価しなければならない。全社的な内部統制の評価の段階で経営者が実施すべきことの概要について，内部統制基準は，「経営者は，全社的な内部統制の整備及び運用状況，並びに，その状況が業務プロセスに係る内部統制に及ぼす影響の程度を評価する。その際，経営者は，組織の内外で発生するリスク等を十分に評価するとともに，財務報告全体に重要な影響を及ぼす事項を十分に検討する。例えば，全社的な会計方針及び財務方針，組織の構築及び運用等に関する経営判断，経営レベルにおける意思決定のプロセス等がこれに該当する。」（内部統制基準Ⅱ・3 (2)）と規定している。

　トップダウン型のリスク・アプローチを採用することで，この全社的な内部統制の評価は，経営者による内部統制の有効性評価のプロセスにおいて重要な位置を占めることとなる。なぜなら，全社的な内部統制の評価結果を踏まえて，それに続く業務プロセスに係る内部統制の評価範囲の絞り込みが行われるからである[36]。つまり，全社的な内部統制の評価の段階において，経営者は財務報告に係る重大な虚偽記載の観点から様々なリスク評価を行い，それを踏まえて業務プロセスに係る内部統制のうちでリスクが高いと判断した範囲ないし領域に絞って評価を実施することとなる。このようなリスク評価を基礎にした評価範囲の絞り込みによって，財務報告に係る内部統制の評価に係るコスト負担の軽減を図っていると言える。

　しかしながら，トップダウン型のリスク・アプローチは，特に全社的な内部統制の評価の段階において，経営者に対して多分に主観的なものとならざるを得ないような様々な評価や判断を強いることになる。すなわち，経営者は，財務報告に係る重大な虚偽記載の観点から組織の内外で発生するリスクを評価しなければならないが，当該リスク評価には将来事象の発生予測等の主観的な評価や判断が含まれる。また，経営者は，全社的な会計方針や財務方針等の自らが下した経営判断の妥当性に関する自己評価を迫られる。さらに，経営者は，経営レベルにおける意思決定プロセスに関連して，取締役会や監査役等といっ

た経営者に対するガバナンス機能の充分性をも評価するように求められる[37]。そして，最後に経営者は，全社的な内部統制の評価結果に基づいて業務プロセスに係る内部統制の評価範囲を決定しなければならないが，これもまた，極めて高度でかつ主観的な判断と言えよう。

2　トップダウン型のリスク・アプローチの下で監査人に求められる評価・判断

　ダイレクト・レポーティングを採用しない我が国の内部統制監査にあっては，内部統制の有効性の評価結果という経営者の主張を前提に，これに対して監査人の意見が表明される。つまり，経営者の評価結果と関係なく，監査人が内部統制の整備状況及び運用状況を評価し，その有効性について意見を表明するのではない。それゆえ，全社的な内部統制の評価が経営者による内部統制の有効性評価プロセスで重要な位置を占めることに対応して，監査人による全社的な内部統制の評価の妥当性に対する検討は，内部統制監査において重要な位置を占める。

　監査人は，ダイレクト・レポーティング不採用の下で，経営者による全社的な内部統制の評価の妥当性を検討しなければならない。つまり，経営者が全社的な内部統制の評価の過程で下した様々な評価の妥当性を検討しなければならないのである。監査人がその妥当性を検討しなければならない対象には，組織の内外で発生するリスクに関して経営者が下した評価，経営者が下した種々の経営判断の妥当性に関する経営者自身による評価，取締役会や監査役等の機能等の経営者に対するガバナンス機能の充分性に関する経営者自身による評価等が含まれる。

　仮に，全社的な内部統制の評価に際して，経営者が意図的に正しくない評価を下し，監査人がそのことを見抜けない場合，以後の監査実施の対象範囲や深度を誤ることになりかねない。また，監査人が，そのような事態を恐れるあまり，経営者による全社的な内部統制の評価の妥当性に関する判断に関わりなく保守的な監査を行うことも懸念される。その場合には，コスト負担の軽減を理由に採用されることとなったトップダウン型のリスク・アプローチが充分に活

用されないこととなる。

　ダイレクト・レポーティングを制度として採用しないかぎり，少なくとも，監査人による内部統制監査の出発点となるのは経営者による財務報告に係る内部統制の評価結果である。そして，トップダウン型のリスク・アプローチの下では，経営者による全社的な内部統制の評価結果がその端緒となる。ところが，経営者による全社的な内部統制の評価は，リスク評価を基礎に自己評価を中核とする極めて主観的な評価なのである。したがって，経営者による主観的評価の妥当性をどのように評価・判断すべきなのかということが，監査人にとって，内部統制監査において最初のテーマであるとともに，極めて重要なテーマとなる[38]。

VI　内部統制監査と財務諸表監査の一体的実施

1　一体的実施が要請される背景

　旧意見書は，ダイレクト・レポーティングの不採用及びトップダウン型のリスク・アプローチの活用と並んで，財務報告に係る内部統制の評価・監査に係る経営者及び監査人のコスト負担が過大なものとならないような方策のひとつとして，「内部統制監査と財務諸表監査の一体的実施」を挙げていた（旧意見書前文二・(4) ④）。一体的実施が監査人のコスト負担の軽減[39]になぜつながると言えるのか[40]。それは，一体的実施により「内部統制監査で得られた監査証拠及び財務諸表監査で得られた監査証拠は，双方で利用することが可能となり，効果的かつ効率的な監査の実施が期待できる。」（旧意見書前文二・(4) ④）からである。例えば，「内部統制監査の過程で得られた監査証拠は，財務諸表監査の内部統制の評価における監査証拠として利用され，財務諸表監査で得られた監査証拠も内部統制監査の証拠として利用されることがある。」（旧意見書Ⅲ・2）というのである。もちろん，これが可能となるためには，内部統制監査と財務諸表監査が同一の監査人であることが必要である[41]。

2 一体的実施がもたらした帰結

　繰り返しになるが，内部統制監査と財務諸表監査の一体的実施は，財務報告に係る内部統制の評価・監査に係る経営者及び監査人のコスト負担の軽減策として採用された方策であった。ところが，財務諸表監査との一体的実施の要請は，内部統制の有効性の評価に対する監査人による検証の保証水準を監査の水準とせざるを得ないという結果を招来したのである[42]。すなわち，「同一の監査人が，財務諸表監査と異なる水準の保証を得るために異なる手続や証拠の収集等を行うことは適当でないのみならず，同一の監査証拠を利用する際にも，保証の水準の違いから異なる判断が導き出されることは，かえって両者の監査手続を煩雑なものとすることになる」（旧意見書前文二・(4)）ために，内部統制の有効性の評価に対する検証の保証水準を監査の水準とせざるを得なくなってしまったのである。

　もちろん，内部統制の有効性の評価に対する監査人による検証から得られる保証の水準を監査の水準に設定すること自体は非難されるべきことではない。内部統制の有効性の評価に対する監査人による検証が，「信頼し得る財務諸表作成の前提であると同時に，効果的かつ効率的な財務諸表監査の実施を支える経営者による内部統制の有効性の評価について検証を行うものである。」（旧意見書・同上）とするならば，そこから得られる保証の水準が監査と同程度の高い水準であることは，むしろ望ましいと言える。しかしながら，保証水準を監査の水準とせざるを得なくなったこと，あるいは監査の水準とすることが望ましいことと，実際に監査の保証水準を確保できることとは別問題であるように思われる。とりわけ，我が国の内部統制監査が，ダイレクト・レポーティングを採用しない選択を取りつつ，財務諸表監査と同等の保証水準を確保することが可能であると言えるためには，相応の理論的根拠が必要と考えられる。

　我が国の内部統制監査が監査としての保証水準をどのように確保すべきかについて考える際に，かつてのアメリカで内部統制監査のあり方を巡ってなされていた議論が参考となる。アメリカでは，公開会社会計監視委員会（Public Company Accounting Oversight Board. 以下「PCAOB」という）が，2004 年 3 月に，監査

人が準拠すべき内部統制監査の基準として，『監査基準第2号：財務諸表監査に
関連して実施される財務報告に係る内部統制の監査』を公表した。これが，ア
メリカにおける内部統制監査制度のはじまりであった。そこでは，内部統制監
査報告書において，監査人は，①財務報告に係る内部統制の有効性に関する経
営者の評価に対する意見と，②財務報告に係る内部統制の有効性に関する監査
人自らの意見の2つの意見を表明するように要求されていたのであった[43]。つ
まり，当時アメリカにおいては，ダイレクト・レポーティングの併用が監査基
準において規定されていたのである。

　ダイレクト・レポーティング併用の理由について，PCAOB は，以下のよう
な見解を示していた[44]。まず，監査人は，経営者による評価に対する意見（上
記①の意見）を表明するために，経営者による評価のなかで表明されている結
論が正しいことについて高水準の保証を手に入れなければならない。ところ
が，経営者が行ったこと（経営者の評価結果及び評価プロセス）を評価することに
監査プロセスを限定することでは，経営者の結論が正しいことについての高水
準の保証は監査人にはもたらされない。そもそも，監査人が経営者の評価プロ
セスを評価する必要があるのは，経営者が会社の財務報告に係る内部統制の有
効性についての言明のための適切な基礎を有していることを，監査人が確かめ
るためである。そして，監査人が財務報告に係る内部統制の有効性を直接テス
トする（したがって上記②の意見を表明する）必要があるのは，経営者の結論が正
しいこと，及び経営者による言明が適正に表示されていることを確かめるため
なのである。このように，PCAOB は，経営者による財務報告に係る内部統制
の有効性の評価結果に対する監査人の検証が監査に相当する高水準の保証をも
たらすべきものであるならば，監査人自ら企業の財務報告に係る内部統制が一
定の基準に照らして有効であるか否か判断すべきことを，主張している。

　翻って我が国の場合を考えれば，財務報告に係る内部統制の評価・監査に係
る経営者及び監査人のコスト負担の軽減策として，内部統制監査と財務諸表監
査の一体的実施は採用された。ところが，財務諸表監査との一体的実施の要請
は，内部統制の有効性の評価に対する監査人による検証の保証水準を監査の水

準とせざるを得ないという結果を招来した。監査人は，内部統制監査におい
て，内部統制の有効性を「独自に」「直接」評価する。ダイレクト・レポー
ティングの不採用は単に内部統制監査報告書において財務報告に係る内部統制
の有効性それ自体に関して意見表明をしないことだけを意味する。このような
立場に立つことができるならば，内部統制監査が監査の保証水準を達成できる
ことについて何ら疑念は生じない。しかしながら，繰り返しになるが，ダイレ
クト・レポーティングの不採用は財務報告に係る内部統制の評価・監査に係る
コスト負担の軽減策として採用された方策である。上記の立場にたってもな
お，内部統制監査と財務諸表監査の一体的な実施は，本当にそれがコスト負担
の軽減策たり得ると言えるのであろうか。内部統制監査と財務諸表監査の一体
的な実施により，いかなる意味において「効果的かつ効率的な監査の実施が期
待される」（旧意見書前文二・(4) ④）のか，さらなる探究が必要と思われる。そ
のためには，内部統制監査と財務諸表監査の関係性，とりわけ，内部統制監査
と財務諸表監査の内部統制評価との関係性を探る必要があると考えられる[45]。

VII　むすび

　内部統制報告制度を創設するに当たり，経営者による評価及び監査人による
監査の基準に組み込まれた評価・監査に係るコスト負担の軽減策，とりわけ，
「ダイレクト・レポーティングの不採用」・「トップダウン型のリスク・アプ
ローチの活用」・「内部統制監査と財務諸表監査の一体的実施」の３つは，我が
国の内部統制監査の特質を決定付ける主要因となったと同時に，我が国の内部
統制監査に，監査理論上及び監査実践上，看過することのできない課題を突き
付けることになった。
　本章でみてきたように，評価・監査に係るコスト負担の軽減策が惹起した課
題は，内部統制監査に関わる，監査実施の前提条件，財務諸表監査との関係
性，監査の実効性，監査報告の理解可能性等，広範囲にわたるものである。本
書では，続く各章において，これらの課題をそれが生じた背景や理由とともに

より詳細に検討していく。そして，終章において，それまでの考察と検討を踏まえた上で，監査理論の観点から，我が国の内部統制監査の将来のあるべき姿について私見を述べる。

序章を含めた本書の構成は以下の通りである。

序　章　日本型内部統制監査の特質と課題

第2章　保証業務の概念的枠組みの観点からみた内部統制監査

第3章　内部統制監査と財務諸表監査の関係性

第4章　アメリカ内部統制監査における究極的要証命題の立証構造

第5章　内部統制監査の実効性確保のための方策

第6章　内部統制監査報告書の特徴

終　章　内部統制監査のあるべき姿に向けた提言

【注】

1）金融商品取引法第24条の4の4，同法第193条の2第2項。

2）池田［2007］，19頁。

3）監査・保証実務委員会報告第82号「財務報告に係る内部統制の監査に関する実務上の取扱い」（日本公認会計士協会監査・保証実務委員会［2020］。以下「82号」という）・10。

4）コスト負担の軽減策は，内部統制報告制度創設時（2007年）に企業会計審議会より公表された「財務報告に係る内部統制の評価及び監査の基準並びに財務報告に係る内部統制の評価及び監査に関する実施基準の設定について（意見書）」（企業会計審議会［2007］。以下「旧意見書」という）の前文で説明されている。コスト負担の軽減策として講じられた方策とは，①トップダウン型のリスク・アプローチの活用，②内部統制の不備の区分，③ダイレクト・レポーティングの不採用，④内部統制監査と財務諸表監査の一体的実施，⑤内部統制監査報告書と財務諸表監査報告書の一体的作成，⑥監査人と監査役・内部監査人との連携の6つである（旧意見書前文二・(4)）。

5）上記の6つの方策のうち，①と②は経営者による評価に，③から⑥は監査人による監査に関係していると言える。もっとも，すぐ後で述べるように，監査人は経営者による評価結果を監査の対象とするため，①及び②も内部統制監査に大きな影響を及ぼすものと考えられる。

6）ここに掲げた課題は，続く各章で詳細に論じられることになる。

7）本書は，主として監査理論の観点から，我が国の現行の内部統制監査制度を批判的に検

討するものである。その際，主な批判的検討の対象となるものは，現在，我が国の内部統制報告制度を規制している「財務報告に係る内部統制の評価及び監査の基準並びに財務報告に係る内部統制の評価及び監査に関する実施基準の改訂について（意見書）」（企業会計審議会［2019］）である。本書では，この意見書のうち，「財務報告に係る内部統制の評価及び監査の基準」を「内部統制基準」と，また「財務報告に係る内部統制の評価及び監査の実施基準」を「内部統制実施基準」と略してよぶことにする。

8）企業会計審議会公表，最終改訂 2020 年 11 月 6 日（企業会計審議会［2020］）。

9）「監査基準の設定について」（大蔵省企業会計審議会中間報告，1956 年 12 月 25 日）

10）『監査基準』の本文だけでなく，設定の背景や趣旨を説明したいわゆる「前文」も，その基本的な考え方や思考を反映しているものと考えている。それゆえ，現行の『監査基準』のみならず，過去において公表された『監査基準』の前文についても，そこで説明された趣旨が現行の『監査基準』に継続して反映されている場合には参照することになる。なお，本書では，特定の監査論者による「監査理論」をもっぱら参照することを予定していない。もちろん，優れた監査理論が存在しないわけではない。例えば，論理学をその理論展開の基盤としたマウツとシャラフによる『監査理論の構造』は，優れた監査理論として名高い。また，そこにおいて示された監査思考は，現在の財務諸表監査の理論に大きな影響を及ぼしているものと思考される。しかしながら，後述するように，本書は，主として，我が国の内部統制監査を財務諸表監査との間の関係性に留意しながら批判的に検討するものである。そのため，我が国の財務諸表監査を規制する『監査基準』に反映されている財務諸表監査の基本的な考え方や思考を批判的検討の拠り所としている。

11）もちろん，そのことは，内部統制監査と財務諸表監査の対象・手続・目的が全く同じであることを意味するものではない。あくまでも，監査としての基本的な考え方や思考を共有するということである。

12）町田［2015］は，我が国に内部統制報告制度が導入された契機になったものがこの西武鉄道事件であると説明している（町田［2015］，44 頁）。これに対して，吉見［2009］は，「西武鉄道の事例に加え，同時期のアソシエント社やカネボウ等の事例がいわば幇助する形で内部統制基準の整備に向かわせたとみることが適当であろう」と述べている（吉見［2009］，221 〜 222 頁）。また，次の注 13 を参照のこと。

13）ここにおける「10 月中旬」とは，2004 年の 10 月中旬のことを指す。本文書において，金融庁は，「開示制度の整備」以外に，「有価証券報告書等の審査体制」を方策の柱の 1 つとして掲げ，そのなかで，「全開示企業に対し，株主の状況等についての開示内容を自主的に点検し，必要があればすみやかに訂正報告書等の提出を行うよう，各財務局を通じて指示する。」とした。その結果は，後に『東証・協会による共同プロジェクト中間報告』

（東京証券取引所・日本公認会計士協会［2005］）という形で公表された。自主的点検を要請された4,543社のうち，訂正報告書を提出している会社数は652社であり，全体の14.3％に及んでいた（2004年11月16日から2005年1月31日までに提出されたもので，訂正総件数1,330件）。金融庁が有価証券報告書のうち「株主の状況」等を自主点検の例示項目として挙げていたため，訂正は「株式等の状況」に関するもの（351社，訂正件数514社）が最も多かった。しかし，訂正は「経理の状況」（257社，訂正件数347件），「企業の概況」（132社，訂正件数166件）や「事業の概況」（77社，訂正件数95件）等に関する事例もあり，有価証券報告書全体に及んでいた。このように，我が国において内部統制報告制度が導入された背景に，有価証券報告書に関わる多くの不適正事例の存在があったことは疑いもない事実である。

14）ここにおける対応（第二弾）は，同日に取りまとめられた「金融審議会金融分科会第一部会報告−ディスクロージャー制度の信頼性確保に向けて−」（以下「第一部会報告」という）を踏まえたものとされる。同報告においては，「財務報告に係る内部統制の有効性に関する経営者による評価と公認会計士等による監査のあり方」に関連して，「（1）諸外国の実例や我が国の会社法制との整合性等にも留意しつつ，財務報告に係る内部統制の有効性に関する経営者による評価の基準及び公認会計士等による検証の基準の明確化を早急に図るべきである。」及び「（2）これを通じて，会社代表者による確認書制度の活用を促していくとともに，当該基準に示された実務の有効性や諸外国の状況等を踏まえ，その義務化の範囲や方法等が適切に判断されるべきである。」との結論が導きだされている。

15）ここにおける「経営者による確認書制度」は，会社代表者による有価証券報告書の記載内容の適正性に関する確認書の制度を指し，2004年3月期決算から任意の制度として導入されていた。そのなかで，財務諸表等が適正に作成されるシステムが機能していたかの確認が求められていた。この経営者による確認書制度は，内部統制報告制度と同時期（2008年4月1日以後開始する事業年度）より義務化されている（金融商品取引法第24条の4の2）。

16）後述するように，2007年2月15日に公表された本意見書は，後に2度にわたって改訂されることになる。そのため，本章においては，本意見書を「旧意見書」とよぶことにする。

17）「金融・資本市場競争力強化プラン」（金融庁2007年12月21日）・2（4）①。

18）「新成長戦略〜「元気な日本」復活のシナリオ〜」（2010年6月18日閣議決定）・第3章（7）。

19）前意見書の前文「二　主な改訂点等とその考え方」を筆者なりに要約したものである。

20）旧意見書のうちの，「財務報告に係る内部統制の評価及び監査の基準」のⅡ1（4）にこ

の定義が示されている。

21) 改訂基準及び改訂実施基準は，2020 年 3 月 31 日以後終了する事業年度における財務報告に係る内部統制の評価及び監査から適用される（意見書前文三・1）。

22) 『監査基準』は，その後 2019 年 3 月 3 日及び 2020 年 11 月 6 日の 2 度にわたり改訂されている。

23) 「監査上の主要な検討事項」とは，「監査人が当年度の財務諸表の監査において特に重要であると判断した事項」をいう（「監査基準の改訂について」（企業会計審議会，2018 年 7 月 5 日）・一）。

24) 経営者による評価及び監査人による監査の基準に組み込まれた評価・監査に係るコスト負担の軽減策の 1 つに，「内部統制監査報告書と財務諸表監査報告書の一体的作成」が掲げられていた（旧意見書前文二・(4) ④）。

25) 意見書前文二。内部統制監査報告書の記載事項の詳細については，「第 6 章　内部統制監査報告書の特徴」において論じている。

26) ダイレクト・レポーティングの不採用がなぜコスト負担の軽減策なのか，換言すれば，ダイレクト・レポーティングがなぜコスト増につながるのかについて，旧意見書は何も言及していない。この点について，旧意見書の実質上の作成責任者，つまり内部統制報告制度の設計者は，その著書において，「…，ダイレクト・レポーティングが導入されると，すべての取引や活動を吟味することが求められるため，監査業務やコストが際限なく増えるおそれがある」（八田 [2006]，110 頁）と説明している。しかしながら，ダイレクト・レポーティングを採用しているアメリカの内部統制監査において，「すべての取引や活動を吟味すること」が求められているわけではない。それゆえ，このような説明に疑問なしとしない。なお，アメリカの内部統制監査の理論構造については，「第 4 章　アメリカ内部統制監査における究極的要証命題の立証構造」で検討している。

27) 「全社的な内部統制」とは「連結ベースでの財務報告全体に重要な影響を及ぼす内部統制」を，「業務プロセスに係る内部統制」とは「業務プロセスに組み込まれ一体となって遂行される内部統制」（内部統制基準Ⅱ・3 (1)）をいう。また，「統制上の要点」とは，「財務報告の信頼性に重要な影響を及ぼす統制上の要点」（内部統制基準Ⅱ・3 (3)）をいう。

28) 「内部統制の基本的要素」とは，「内部統制の目的を達成するために必要とされる内部統制の構成部分をいい，内部統制の有効性の判断規準となる。」ものを指す。内部統制の基本的要素として我が国の内部統制報告制度は，「統制環境」・「リスクの評価と対応」・「統制活動」・「情報と伝達」・「モニタリング」・「IT への対応」の 6 つを措定している（内部統制基準Ⅰ・2）。

29) 長吉［2013］は，内部統制監査の性格について，「内部統制監査は，意見表明の形式においては，経営者の作成した内部統制報告書に記載された情報を監査の対象として，その記載内容の適正性について監査意見を表明するという情報に関する監査の一環となっているが，その実質は，事実としての内部統制の有効性についても検証しなければならないことから，企業の実態についての監査を含む監査となっているのである。」（長吉［2013］，46～47頁）と説明する。本書は，基本的な立場としてこの見解に立っている。

30) ダイレクト・レポーティングの場合，経営者が決定した評価範囲とは関係なく，監査人が独自に評価範囲を決定する。

31) 経営者の側からみると，「…，経営者は，評価の範囲を決定した後に，当該範囲を決定した方法及びその根拠等について，必要に応じて，監査人と協議を行っておくことが適切である。」（内部統制実施基準Ⅱ・2 (2)）となる。

32) 評価範囲の決定を巡る経営者と監査人との間の協議の問題性に関しては，「第2章　保証業務の概念的枠組みの観点からみた内部統制監査」においてより詳細に論じている。

33) これに対してダイレクト・レポーティング（直接報告業務）では，監査人は財務報告に係る内部統制の有効性に対して監査意見を表明する。

34) ここにおける「開示すべき重要な不備」とは，「財務報告に重要な影響を及ぼす可能性が高い財務報告に係る内部統制の不備」（内部統制基準Ⅱ・1 (4)）をいう。開示すべき重要な不備がひとつでも存在すると，財務報告に係る内部統制は有効でないことになる。換言すれば，「財務報告に係る内部統制が有効である」とは，「当該内部統制が適切な内部統制の枠組みに準拠して整備及び運用されており，当該内部統制に開示すべき重要な不備がないことをいう。」（内部統制基準Ⅱ・1 (3)）とされる。

35) 内部統制監査報告書で限定付意見が表明される場合，あるいは意見不表明の場合，そこで記載される監査人のメッセージは，投資者にとってなお一層理解が困難な内容となる。内部統制報告書の適正性に関する意見表明の手段である内部統制監査報告書を巡る理論上の問題については，「第6章　内部統制監査報告書の特徴」で詳細に論じている。

36) 業務プロセスに係る内部統制の評価範囲を絞り込むことでコスト負担の軽減を図っているが，その根拠を全社的な内部統制の評価結果に求めている。

37) 内部統制実施基準は，参考として「財務報告に係る全社的な内部統制に関する評価項目の例」（42項目）を掲げている。そのなかに，統制環境に係る評価項目として，「取締役会及び監査役等は，財務報告とその内部統制に関し経営者を適切に監督・監視する責任を理解し，実行しているか。」とする項目を例示している（内部統制実施基準Ⅱ・（参考1））。これは，経営者に対するガバナンス機能を経営者自身に評価させることを意味している。

38) 「第5章　内部統制監査の実効性確保のための方策」では，全社的な内部統制の評価の妥

当性に対する監査人の検討の実効性を確保することにより，内部統制監査の実効性を確保するための方策が提案されている。

39）監査報酬を支払う経営者にとってのコスト負担の軽減とも言える。

40）旧意見書は，ここにいう「財務諸表監査」について何ら説明を加えていない。しかしながら，内部統制報告制度が金融商品取引法の下での制度であることから，ここに言う財務諸表監査も金融商品取引法に基づく財務諸表の監査であると考えて差支えないものと思われる。以下，本書では特にことわりが無い限り，財務諸表監査とは金融商品取引法に基づく財務諸表（連結財務諸表を含む）の監査を指すものとする。

41）内部統制基準は，「内部統制監査は，原則として，同一の監査人により，財務諸表監査と一体となって行われるものである。」とした上で，「ここで「同一の監査人」とは，監査事務所のみならず，業務執行社員も同一であることを意味している。」（内部統制基準Ⅲ・2（注））と規定している。

42）ここにおける監査とは，財務諸表監査のことを指す。

43）PCAOB［2004］, par.167.

44）PCAOB［2004］, Appendix E, 17. ここでは，この Appendix の内容を筆者なりに要約して示している。

45）「第3章　内部統制監査と財務諸表監査の関係性」では，2つの監査の間の関係性について，監査対象・監査手続・監査目的の3つの観点から詳細に論じている。

第2章
保証業務の概念的枠組みの観点からみた内部統制監査

I　はじめに

　2006年6月7日に成立した金融商品取引法により，上場会社等を対象に財務報告に係る内部統制の経営者による評価と監査人による監査が義務付けられ[1]，2008年4月1日以後開始する事業年度から実施されている。この金融商品取引法による内部統制報告制度の導入は，そのうちの内部統制監査の実施主体である監査人にとって，法律の規制を受ける新たな保証業務が創設されたことを意味する。

　保証業務に関しては，企業会計審議会が2004年11月29日に「財務情報等に係る保証業務の概念的枠組みに関する意見書」（企業会計審議会［2004］。以下「保証業務意見書」という）を公表し，保証業務の概念的枠組みを提示している。保証業務意見書の目的は，保証業務の概念枠を示すことで，近未来的に次々とニーズが生まれる可能性がある業務に一貫した基準作りの原理枠を示すことにある[2]。また，保証業務意見書には，近い将来における内部統制報告の制度化を予測し，それに対応する概念枠組みを用意するべく策定されたという側面がある[3]。その意味で，金融商品取引法に基づく内部統制監査は，この保証業務意見書をその理論的な基礎として創設された保証業務であると言えよう。

　そこで，本章は，保証業務意見書が提示する保証業務の概念的枠組みの観点から，内部統制監査の意義と課題について考察する[4]。内部統制監査が保証業務意見書の提示する概念的枠組みに適う保証業務であるかどうかについて検証するためである。内部統制報告制度は，現在，「財務報告に係る内部統制の評価及び監査の基準並びに財務報告に係る内部統制の評価及び監査に関する実施

基準の改訂について（意見書）」（企業会計審議会［2019］）を，経営者による内部統制の評価とそれに対する監査人の監査の主な拠り所としている[5]。後に詳述するように，我が国の内部統制監査は，経営者による内部統制の評価を前提にして，その評価結果及び評価過程を主な対象とする。したがって，保証業務としての内部統制監査の意義や課題を考察するに当たっては，内部統制基準及び内部統制実施基準のうちの，経営者による内部統制の評価に係る規定も，監査に係る規定とともに批判的検討の対象となる。

II　保証業務としての内部統制監査

1　内部統制監査の定義

　保証業務意見書は，保証業務を，「保証業務とは，主題に責任を負う者が一定の規準によって当該主題を評価又は測定した結果を表明する情報について，又は，当該主題それ自体について，それらに対する想定利用者の信頼の程度を高めるために，業務実施者が自ら入手した証拠に基づき規準に照らして判断した結果を結論として報告する業務をいう。」（保証業務意見書二・1）と定義している。

　一方，内部統制基準は，内部統制監査の目的を，「経営者の作成した内部統制報告書が，一般に公正妥当と認められる内部統制の評価の基準に準拠して，内部統制の有効性の評価結果を全ての重要な点において適正に表示しているかどうかについて，監査人自らが入手した監査証拠に基づいて判断した結果を意見として表明することにある。」（内部統制基準三・1）としている。

　そこで，保証業務意見書による保証業務の定義を内部統制監査に当てはめると次のようになると考えられる。内部統制監査は，まず，主題である企業の財務報告に係る内部統制の有効性を，当該主題に責任を負う者としての経営者が，一定の規準としての一般に公正妥当と認められる内部統制の評価の基準に従って評価し，その結果を表明する情報としての内部統制報告書を想定利用者たる投資者等に提示することを前提とする。これを受けて，業務実施者である

監査人が，提示された内部統制報告書について，それらに対する想定利用者た
る投資者等の信頼の程度を高めるために，自らが入手した監査証拠に基づき一
般に公正妥当と認められる内部統制の評価の基準に照らして判断した結果を結
論として報告する業務である，ということになる。

2　内部統制監査の位置付け

　保証業務意見書によれば，保証業務は，通常，一定の規準によって主題を評
価又は測定した結果を表明する情報（「主題情報」）を主題に責任を負う者が自己
の責任において想定利用者に提示することを前提として行われる（保証業務意見
書二・2 (1)）。保証業務のルーツとも言える財務諸表監査[6]がその典型例であ
る。しかしながら，保証業務には，このような主題情報を対象とする保証業務
のほかに，主題に責任を負う者が自己の責任において主題情報を提示すること
なく，業務実施者が，主題それ自体について一定の規準によって評価又は測定
した結果を結論として表明する保証業務（保証業務意見書・同上）も存在し，こ
れは一般に直接報告業務（direct reporting）とよばれている[7]。内部統制監査は，
上述の目的からわかるように主題情報を対象とする保証業務に分類される。す
なわち，主題である企業の財務報告に係る内部統制の有効性を，当該主題に責
任を負う者としての経営者が，一定の規準としての一般に公正妥当と認められ
る内部統制の評価の基準に従って評価した結果を，内部統制報告書として想定
利用者である投資者等に提示することを前提にして内部統制監査は実施され
る。

　保証業務はまた，保証業務リスクの程度により，合理的保証業務と消極的保
証業務に分類される（保証業務意見書二・2 (2)）。ここにおける保証業務リスクと
は，保証業務意見書によれば，「主題情報に重要な虚偽の表示がある場合に業
務実施者が不適切な結論を報告する可能性」（保証業務意見書七・5 (1)）と定義さ
れる。合理的保証業務では，業務実施者が，当該業務が成立する状況のもと
で，積極的形式による結論の報告を行う基礎として合理的な低い水準に保証業
務リスクを抑える。これに対して，限定的保証業務では，合理的保証業務の場

合よりは高い水準ではあるが，消極的形式による結論の報告を行う基礎としては受け入れることができる程度に保証業務リスクの程度を抑えるとされる（保証業務意見書二・2 (2)）。つまり，保証業務においては，業務実施者による結論の報告形式（積極的形式か消極的形式か）が業務実施者に求められる保証業務リスクの水準を決定することになっている。合理的保証業務の典型は財務諸表に対する監査であり，限定的保証業務には四半期財務諸表に対するレビュー業務がある。

内部統制監査は，財務諸表監査と一体となって行われること等から，財務諸表監査と同じ保証水準であるとされる[8]。したがって，内部統制監査は，財務諸表監査と同様に合理的保証業務の範疇に入る。そして，このことは，内部統制監査報告書における監査人の意見が「経営者の作成した内部統制報告書が，一般に公正妥当と認められる内部統制の評価の基準に準拠し，財務報告に係る内部統制の評価について，全ての重要な点において適正に表示しているかどうかについて」（内部統制基準三・4 (1)）表明する，積極的形式による結論の報告の形をとることに反映されている[9]。

3　内部統制監査の要素

保証業務意見書によれば，保証業務は，次の要素から構成され，それぞれの要素に関する要件に適格である必要があるとされる（「保証業務意見書」・三）。

（1）業務実施者，主題に責任を負う者及び想定利用者の三当事者の存在
（2）適切な主題
（3）適合する規準
（4）十分かつ適切な証拠
（5）合理的保証業務又は限定的保証業務について適切な書式の保証報告書

ここでは，上記の保証業務の要素のうち，（1）から（3）について，内部統制監査の場合に当てはめて考えることにし，（4）の要素については次節で検討することにする[10]。

（1）内部統制監査に関わる三当事者

　保証業務は，業務実施者，主題に責任を負う者及び想定利用者からなる三当事者が関わることにより成立する（保証業務意見書四・1）。内部統制監査の場合は，前述のように業務実施者が監査人，主題に責任を負う者が経営者，そして，想定利用者は投資者等の財務諸表利用者ということになる。

　このうち業務実施者は，文字通り保証業務を実施する者をいい，独立の立場から公正不偏の態度を保持することが最も重視されるため，自らが主題に責任を負う者及び想定利用者となることはできない（保証業務意見書四・2）。また，業務実施者は，職業的専門家としての倫理の遵守など保証業務の実施の前提となる要件を満たし，他の職業的専門家の業務の利用を含め，自らが実施すべき手続，実施の時期及び範囲の決定について責任を有する（保証業務意見書・同上）。内部統制監査における監査主体である監査人にも，当然，業務実施者として以上の要件を満たすことが求められる。

（2）内部統制監査における主題

　保証業務意見書によれば，保証業務における適切な主題は，識別可能であり，一定の規準に基づいて首尾一貫した評価又は測定を行うことができ，かつ，業務実施者が主題情報に対する保証を得るために十分かつ適切な証拠を収集することができるものをいう（保証業務意見書五・1）。また，主題には，定量的か定性的か，客観的か主観的か，確定的か予測的か，一定時点に関するものか一定期間にわたるものか等の異なる性格のものがある（保証業務意見書五・3）。

　内部統制監査における主題は，企業の財務報告に係る内部統制の有効性である。当該主題に責任を負う者として，経営者は当該主題を一定の規準，すなわち一般に公正妥当と認められる内部統制の評価の基準に従って評価しなければならない。また，内部統制監査における主題は，財務報告に係る内部統制の有効性という定性的なものであり，その評価は経営者による主観的評価であり，一定時点（期末日）に関する確定的な評価と言える。

34 ─────◎

（3）内部統制監査における規準

　保証業務意見書によれば，保証業務における適合する規準とは，主題に責任
を負う者が主題情報を作成する場合及び業務実施者が結論を報告する場合に主
題を評価又は測定するための一定の規準であり，①目的適合性，②完全性，③
信頼性，④中立性及び⑤理解可能性という要件を備えている必要があるとされ
る（保証業務意見書六・1）[11]。また，確立された規準とは，法令のほか，例えば，
財務諸表の作成に関しては，一般に公正妥当と認められる企業会計の基準な
ど，幅広い関係者による公正かつ透明性のある適切な手続を通じて権威ある又
は認められた機関によって公表されたものであるとされる（保証業務意見書六・
2）。業務実施者は，個々の保証業務について規準の適合性を評価するが，主題
が確立された規準により評価又は測定されている場合には，当該規準が業務実
施者における適合する評価又は測定の規準となる（保証業務意見書・同上）。

　内部統制基準及び内部統制実施基準は，幅広い関係者[12]による公正かつ透
明性のある適切な手続を通じて，企業会計審議会という権威ある機関によって
公表されたものである。それゆえ，内部統制監査において，内部統制基準及び
内部統制実施基準は，保証業務意見書（六・2）が定義する確立された規準に相
当するものと言える。　したがって，内部統制基準及び内部統制実施基準は，
内部統制監査における適合する規準として，本来，上記5つの要件を満たすも
のでなければならない。

III　保証業務の実施要件の観点からみた内部統制監査の課題

1　トップダウン型のリスク・アプローチの実効性

（1）「適合する規準」であるための要件

　上で指摘したように，保証業務意見書は，保証業務の要素の1つとして，
「十分かつ適切な証拠」を挙げている。　すなわち，保証業務意見書は，業務実
施者に対して，「主題情報に重要な虚偽の表示が含まれていないかどうかにつ
いて，職業的専門家としての懐疑心をもって保証業務を計画し，実施し，十分

かつ適切な証拠を入手する」（保証業務意見書七・1）ことを求めている。

　しかしながら，保証業務において，業務実施者が「十分かつ適切な証拠」を入手できるためには，本来，保証業務の要素として「適切な主題」と「適合する規準」が明確に措定されている必要がある。なぜなら，そもそも，先述したように，まず，「適切な主題」とは「識別可能であり，一定の規準に基づいて首尾一貫した評価又は測定を行うことができ，かつ，業務実施者が主題情報に対する保証を得るために十分かつ適切な証拠を収集することができるもの」であるからであり，また，「適合する規準」とは「主題に責任を負う者が主題情報を作成する場合及び業務実施者が結論を報告する場合に主題を評価又は測定するための一定の規準」であるからである。つまり，主題が適切なものでなければ，一定の規準に基づいて首尾一貫した評価又は測定を行うことができないし，主題情報に対する保証を得るための十分かつ適切な証拠を収集できない。また，適合する規準が存在しなければ，主題に責任を負う者が主題情報を作成することも，業務実施者が結論を報告することもできないのである。

　それでは，内部統制監査における主題及び規準は保証業務意見書の規定する要件を満たす「適切な主題」及び「適合する規準」となり得ているのであろうか。もっとも，主題に関しては，金融商品取引法に基づく内部統制報告制度では，企業の財務報告に係る内部統制の有効性が主題であることは動かしがたい事実であり，それを変更することは当面想定できない。そこで，ここでは，内部統制監査における「適合する規準」として，内部統制基準及び内部統制実施基準が保証業務意見書の規定する要件の中で，その冒頭に掲げられている「目的適合性」の要件を満足できているかどうかについて検討することとする[13]。

　保証業務意見書によれば，「目的適合性」とは，「想定利用者による意思決定に役立つ結論を導くのに資する規準であること」（保証業務意見書六・1（1））をいう。内部統制監査の場合，想定利用者である投資者等の内部統制報告書の信頼性に関する意思決定，財務報告に係る内部統制の有効性に関する意思決定ひいては財務諸表の信頼性に関する意思決定に役立つ監査意見を導くのに資する規準であることが，内部統制基準及び内部統制実施基準に求められていると言

えよう。

　そして，そのためには，まず，経営者による財務報告に係る内部統制の評価，なかでも経営者による評価範囲の決定が，理論的根拠をもつ信頼できる方法でなされなければならない。それは，我が国の内部統制監査が主題情報を対象とする保証業務であり，経営者による内部統制の有効性の評価を前提としているからである。経営者による評価範囲の決定が理論的根拠を備えた方法でなされなければ，そもそも監査人はその範囲決定の妥当性を適切に判断することができないと考えられる。

（2）トップダウン型のリスク・アプローチによる評価範囲の決定

　内部統制基準及び内部統制実施基準において，経営者による評価範囲の決定を支えている考え方は，トップダウン型のリスク・アプローチと言われるアプローチである。序章で述べたように，我が国の内部統制報告制度においては，財務報告に係る内部統制の評価・監査を実施する経営者及び監査人の双方におけるコスト負担の問題が，制度を実際に運用していくうえでの大きな課題の1つと目されている。そこで，内部統制基準及び内部統制実施基準では，経営者及び監査人の双方が財務報告に係る内部統制の評価・監査を実施する際のコスト負担の軽減策が多く掲げられている。その1つが，経営者による内部統制評価の方法として採用されているトップダウン型のリスク・アプローチである[14]。

　トップダウン型のリスク・アプローチとは，経営者が「内部統制の有効性の評価に当たって，まず，連結ベースでの全社的な内部統制の評価を行い，その結果を踏まえて，財務報告に係る重大な虚偽記載につながるリスクに着眼して，必要な範囲で業務プロセスに係る内部統制を評価する」（旧意見書前文二・(4) ①）というアプローチである。内部統制実施基準は，業務プロセスに係る内部統制に関して，このトップダウン型のリスク・アプローチに基づく評価が適切に行われるように，評価範囲の決定について具体的な絞り込みの方法を示している。以下では，まず，財務報告に係る内部統制の評価・報告の全体的な流れのうち，評価範囲の決定に至る過程について確認する。

　経営者は，財務報告の信頼性に及ぼす影響の重要性の観点から必要な範囲について，財務報告に係る内部統制の有効性の評価を行わなければならない。内部統制実施基準は，内部統制を「全社的な内部統制」と「業務プロセスに係る内部統制」に識別するとともに，業務プロセスをさらに決算・財務報告に係る業務プロセスとそれ以外の業務プロセスに分けて，それぞれについて評価範囲の決定方法を規定している[15]。

① 全社的な内部統制
　全社的な内部統制については，原則として全ての事業拠点について全社的な観点で評価することになっており，評価範囲の絞り込みは行われない。ただし，財務報告に対する影響の重要性が僅少である事業拠点に係るものについて，その重要性を勘案して，評価対象としないことも認められている[16]。

② 全社的な観点から評価される決算・財務報告に係る業務プロセス
　主として経理部門が担当する決算・財務報告に係る業務プロセスのうち，全社的な観点で評価することが適切と考えられるものについては，全社的な内部統制に準じて，全ての事業拠点について全社的な観点で評価することが求められている。ただし財務報告に対する影響の重要性が僅少である事業拠点に係るものについて，その重要性を勘案して，評価対象としないことも認められている。内部統制実施基準では，（ⅰ）総勘定元帳から財務諸表を作成する手続，（ⅱ）連結修正，報告書の結合及び組替など連結財務諸表作成のための仕訳とその内容を記録する手続，（ⅲ）財務諸表に関連する開示事項を記載するための手続が，当該プロセスの例示として挙げられている。

③ 決算・財務報告に係る業務プロセス以外の業務プロセス
（a）重要な事業拠点の選定
　企業が複数の事業拠点を有する場合には，評価対象とする事業拠点を売上高等の重要性により決定する。例えば，本社を含む各事業拠点の売上高等の金額

の高い拠点から合算していき，連結ベースの売上高等の一定割合に達している事業拠点を評価の対象とする。全社的な内部統制が良好であれば，例えば，連結ベースの売上高等の概ね 2/3 程度をその一定割合とする。事業拠点を選定する指標としては，基本的には，売上高が用いられるが，企業の置かれた環境や事業の特性によって，異なる指標や追加的な指標を用いることがある。

（b）評価対象とする業務プロセスの識別

（a）で選定した重要な事業拠点における，企業の事業目的に大きく関わる勘定科目に至る業務プロセスは，原則として，全てを評価の対象とする。内部統制実施基準では，一般事業会社の場合，原則として，売上，売掛金及び棚卸資産が企業の事業目的に大きく関わる勘定科目に該当するとしている。

（c）業務プロセス等の評価対象への追加

加えて，（a）で選定した事業拠点及び他の事業拠点に関して，財務報告への影響を勘案して，重要性の大きい業務プロセスについて，例えば，（ⅰ）リスクが大きい取引を行っている事業又は業務に係る業務プロセス，（ⅱ）見積りや経営者による予測を伴う重要な勘定科目に係る業務プロセス，（ⅲ）非定型・不規則な取引など虚偽記載が発生するリスクが高いものとして，特に留意すべき業務プロセスについては，個別に評価対象に追加する。

（d）全社的な内部統制の評価結果に基づく調整

最後に，全社的な内部統制の評価結果を踏まえて，業務プロセスに係る内部統制の評価範囲，方法等を調整する。例えば，全社的な内部統制の評価結果が有効でない場合には，当該内部統制の影響を受ける業務プロセスに係る内部統制の評価については，評価範囲の拡大や評価手続を追加するなどの措置が必要となる。一方，全社的な内部統制の評価結果が有効である場合については，業務プロセスに係る内部統制の評価に際して，サンプリングの範囲を縮小するなど簡易な評価手続を取り，又は重要性等を勘案し，評価範囲の一部について，

一定の複数会計期間ごとに評価の対象とすることが考えられる。

（3）範囲決定方法の公正性

　トップダウン型のリスク・アプローチは，内部統制報告制度全体のなかでは，経営者による内部統制の評価の段階で適用される方法である。それゆえ，トップダウン型のリスク・アプローチは，財務報告に係る内部統制の強化という制度目的の観点からすれば，まずもって経営者による内部統制評価の方法の理論的基盤となり，その公正性ないし信頼性を担保する役割を果たすものと考えられる。なかでも，我が国の内部統制報告制度が，経営者及び監査人の双方におけるコスト負担の軽減を解決すべき課題の1つとしている状況下で，経営者による評価範囲の決定方法の公正性ないし信頼性の担保は極めて重要なテーマであり，トップダウン型のリスク・アプローチは，本来，この点で重要な役割を果たさなければならない。コスト負担の軽減が評価範囲の決定方法の公正性ないし信頼性より優先されることは許されない。

　しかしながら，以下に述べる理由から，内部統制基準及び内部統制実施基準が規定するトップダウン型のリスク・アプローチは，経営者による評価範囲の決定方法の公正性ないし信頼性を充分な形で担保できていないと考える。その結果，監査人は経営者による範囲決定の妥当性を適切に判断することができないことになり，内部統制報告書利用者の意思決定に役立つ結論を導き出すことが困難となる。それゆえ，内部統制基準及び内部統制実施基準は，「適合する規準」の要件の1つである「目的適合性」を充分に満足させていないと考えられる。そもそもトップダウン型のリスク・アプローチは，「適切な統制が全社的に機能しているかどうかについて，まず心証を得た上で，それに基づき，財務報告に係る重大な虚偽記載につながるリスクに着眼して業務プロセスに係る内部統制を評価していく」（旧意見書前文・二・(2)）アプローチである。ところが内部統制実施基準が規定する業務プロセス（決算・財務報告に係る業務プロセス以外の業務プロセス）に係る内部統制の評価範囲の決定方法は，全社的な内部統制の評価結果を十分に反映させるものとはなっていない。

　上でみたように，内部統制実施基準は，評価対象とする重要な事業拠点を選定するに際して，全社的な内部統制が良好であれば，本社を含む各事業拠点の売上高等の金額の高い拠点から合算していき，連結ベースの売上高等の概ね2/3程度に達している事業拠点を評価の対象とする，と規定している。本規定は，これまで内部統制の評価・報告を法律によって強制されたことのない経営者に対して，評価範囲の決定の目安となるように具体的な数値を例示したものであり，内部統制報告制度をともかくも船出させるために必要な規定であったのかもしれない。また，確かに，財務報告に係る重大な虚偽記載のリスクを考慮して，上記（2）③（c）の（ⅰ）から（ⅲ）等の業務プロセスに関して個別に評価対象に追加することを求める規定や，全社的な内部統制の評価結果に基づく調整を求める規定を置いてはいる。

　しかしながら，全社的な内部統制の評価と関連性がなく，また特に理論的基盤のない数値を例示としてではあれ規定に盛り込むことは，内部統制報告制度を運用するに当たって重大な問題を惹き起こしかねないと考えられる。その問題は，全社的な内部統制の評価結果が業務プロセスに係る内部統制の評価範囲の決定に充分に反映されないという問題に留まらず，内部統制監査ひいては内部統制報告制度の実効性に重大な影響を及ぼす。

　というのも，評価範囲の決定に関して具体的な数値例を含む規定は，かえって経営者による恣意的な範囲決定の余地を残すことになるからである。換言すれば，経営者が意図的に評価対象とならない事業拠点において不正を犯す可能性，あるいは，不正を犯した事業拠点を意図的に評価対象となる事業拠点からはずす可能性があると考えられる。特に当該事業拠点が個別に評価対象とすべき業務プロセスを決定する際の判断基準として例示された上記（2）③（c）の（ⅰ）から（ⅲ）の業務プロセスにも該当しない場合には，監査人が当該事業拠点を追加的に評価範囲に含めるように経営者に要求する可能性は低く，したがって監査人が不正を発見する可能性も低くなる。

　先ほども述べたように，具体的な数値例を含む規定は，経営者にとってはじめての経験である内部統制報告制度をともかくも船出させるために必要な規定

であったのかもしれない。しかしながら，理論的根拠のない規定に基づく範囲
決定では，監査人がその妥当性を適切に判断することはできない。したがっ
て，本規定は，本制度が定着するに至った今日においては，削除されるべき規
定である[17]。

2　内部統制監査における監査人の独立性の確保

（1）業務実施者に関する要件

保証業務意見書は，保証業務の実施の前提としての業務実施者に関する要件
を，「業務実施者は，職業的専門家としての倫理を遵守し，かつ，業務の遂行
に当たっては独立の立場から公正不偏の態度を保持し，さらに，自らの業務を
適正に遂行するための専門的な技能や知識を有し，品質管理に関する業務規範
に服することが求められる。」（保証業務意見書二・3 (1)）と規定している。当然，
内部統制監査における業務実施者である監査人には，内部統制監査の実施に際
して上記要件を満足させることが要求される。保証業務意見書は，このうち
で，「独立の立場から公正不偏の態度を保持すること」が業務実施者にとって
最も重視されると指摘している（保証業務意見書四・2）。しかしながら，以下で
検討するように，内部統制実施基準には，内部統制監査の指導的機能を重視す
るあまりに，外観的独立性及び精神的独立性[18]の双方の面で監査人の独立性
の確保を困難にさせる危険性を孕んだ規定が存在する。

（2）内部統制監査の指導的機能の重視・強化

内部統制実施基準は，経営者が評価対象とする内部統制の範囲を決定した段
階で，経営者に対して，必要に応じてであれ，当該範囲を決定した方法及びそ
の根拠等について監査人と協議することを求めている。当該規定は，内部統制
基準及び内部統制実施基準全体を通じて最も重大な問題を含んだ規定と言える
ため，以下に当該規定をそのまま引用する（内部統制実施基準Ⅱ・2 (2)）。

　　「監査人による評価範囲の妥当性の検討の結果，後日，経営者の決定した
　　評価範囲が適切でないと判断されることが考えられ，この場合，経営者
　　は，新たな評価範囲について，評価し直す必要が生じるが，その手続の
　　実施は，時間的な制約等から困難になる場合も想定される。したがって，
　　経営者は，評価の範囲を決定した後に，当該範囲を決定した方法及びそ
　　の根拠等について，必要に応じて，監査人と協議を行っておくことが適
　　切である。」

　また，内部統制実施基準は，これに対応する形で，監査人に対して評価範囲
の妥当性の検討の段階で経営者との協議を行うことを求める規定を置いている
（内部統制実施基準Ⅲ・3 (2) ③）。評価範囲について，経営者が評価範囲を決定し
た時点で経営者と監査人が協議する必要があるのは，監査人が仮に経営者の決
定した評価範囲が妥当でないと判断した場合，経営者が業務プロセスに係る内
部統制の有効性を評価し直すことが時間的制約から困難となるからである。こ
のことは，日本の内部統制監査が主題情報を対象とする保証業務であり，直接
報告業務（ダイレクト・レポーティング）ではないことに起因している。
　内部統制実施基準が監査人の関与を基準の上で認めているのは，評価範囲の
決定の場合だけではない。すなわち，内部統制実施基準は，内部統制の構築等
の段階においても，「経営者等と必要に応じ意見交換を行い，内部統制の構築
等に係る作業や決定は，監査人によってではなく，あくまで企業・経営者に
よって行われるとの前提の下で，有効な内部統制の構築等に向けて適切な指摘
を行うことを妨げるものではない。」（内部統制実施基準Ⅲ・2）という規定をも置
いている。

（3）内部統制監査の指導的機能と監査人の独立性
① 外観的独立性[19]の阻害
　上に挙げた諸規定は内部統制監査の指導的機能を重視し，それを真正面から
基準に取り入れたものと言える。換言すれば，内部統制報告制度の目的達成に

向けて監査人と経営者が一致協力すべきとの制度設計者の意図の発露と言えよう。また，別の視点からみれば，内部統制の構築や評価に対する監査人の積極的な関与を認めるこれらの規定は，内部統制報告制度という全く新しい制度をともかくも我が国において根付かせるための，制度導入初期に限定して必要な規定であったと考えられなくもない²⁰⁾。

しかしながら，監査人による指導や助言は，本来，制度の運用面で対応すべき問題であり，指導的機能の重視・強化を謳った文言は基準レベルでは盛り込むべきではない。財務諸表監査の場合，財務諸表監査の実施主体である監査人を規制する『監査基準』には，監査人の指導的機能に言及した規定は存在しない²¹⁾。それは，財務諸表監査には，二重責任の原則²²⁾という極めて重要であり，遵守すべき原則が存在するからである。財務諸表を作成する経営者の責任とその財務諸表の適正性に対して意見を表明する監査人の責任とを峻別することを求める二重責任の原則は，内部統制監査にも当然当てはまるはずである。すなわち，財務報告に係る内部統制の有効性を評価し，その結果を表明する内部統制報告書を作成する経営者の責任と，その内部統制報告書の適正性に対して意見を表明する監査人の責任は，明確に区別される必要がある。

ところが，基準の上で指導的機能の重視・強化を謳うことで，経営者の財務報告に係る内部統制の評価責任が曖昧なものとなると同時に，内部統制監査が結果として実質上自己監査となる危険性が高まることになる。少なくとも，内部統制報告書及び内部統制監査報告書の利用者から見れば，評価範囲の決定に関する経営者と監査人の協議によって，経営者は実際の評価に先立って，監査人から評価範囲の言わば「お墨付き」をもらうものとみなされよう²³⁾。監査人が内部統制報告書に関して無限定適正意見を表明した後になって，評価範囲外の内部統制から開示すべき重要な不備が発見された場合，経営者のみならず監査人も責任を追及される可能性がある。評価範囲に関して経営者と監査人が合意しているからである。

また，たとえ内部統制の構築等に係る作業や決定が「監査人によってではなく，あくまで企業・経営者によって行われるとの前提の下で」行われることを

強調しても，やはり，内部統制報告書及び内部統制監査報告書の利用者から見れば，「有効な内部統制の構築等に向けて適切な指摘を行うこと」は，監査とコンサルティングとの境界を曖昧にさせると言わざるを得ない[24]。この「適切な指摘を行うこと」が定着すると，監査人による有効な内部統制の構築等に向けての助言・指導が内部統制報告制度における暗黙裡の前提となってしまう。その結果，財務報告に係る内部統制に開示すべき重要な不備があり有効でない場合，経営者のみならず監査人も責任を追及されることになりかねない。このように，指導的機能の重視・強化を謳った文言を基準レベルで盛り込むことは内部統制監査を実施する監査人の外観的独立性を阻害する危険性を孕んでいるのである。

② 精神的独立性[25] の強調

指導的機能の重視・強化は内部統制監査における監査人の精神的独立性を否応なしに強調することとなる。またそれは内部統制報告制度の正否が監査人と経営者双方の誠実性に大きく依存していることを意味する。旧意見書の作成責任者の次のような発言は，そのことを端的に示すものと言えよう。少し長くなるがそれを以下に引用する（ただし，下線は引用者による）。

「まずは，主人公である企業側で行うのが内部統制の構築と評価ですが，ある程度評価が決まった段階で，監査人の意見を求めるといいますか，考え方をすり合わせるということが必要ということから，経営サイドにおいて，やはり円滑な制度の運用のためには，監査人側との意見調整ないしは協議をしてもらうことが書かれてあります。一方，監査人側も，監査の基準で出てきますが，経営者と協議するということで，日本の企業社会における財務諸表監査と内部統制監査の実施に際しては，当事者の双方が誠実性と信頼ある対応をとることで世界に誇れるディスクロージャー制度を確立してもらいたいと思っています。（中略）・・・私は日本の経営者，あるいは監査人の資質としての誠実性といいますか，正直度

合いというものに対しては，まだまだ期待を持っているし，ある程度信じていますから，このぐらいの書きぶりがちょうどいいのかなという気がします[26]。」

　もちろん，指導的機能を強調することがそのまま監査人の独立性の否定につながるわけではない。しかしながら，指導的機能を強調する立場に対しては，逆により高度な倫理とより厳重な精神的独立性，つまり，公正不偏な態度が要求されることになる。最も懸念されるのは，監査人及び経営者の誠実性や倫理観に大きく依拠した日本の内部統制報告制度が国際的に認知されるかどうかである[27]。

　アメリカの内部統制監査では当初から併用という形ではあれダイレクト・レポーティングが採用されていた。それに対して日本は，伝統的な財務諸表監査と同じ情報監査ないし間接保証[28]の枠組みを堅持するとともに，監査人の指導的機能を強調している。日本の経営者や監査人は誠実であるとか，高度な倫理観を備えていると基準設定の責任者が主張したところで，それだけではアメリカをはじめ諸外国を納得させることはできないであろう。やはり，指導的機能の重視・強化を謳った規定は，本制度が定着するに至った今日においては，削除されるべき規定であると考える。それは，また，監査人の外観的独立性を制度上担保することにもつながる。

Ⅳ　むすび

　本章は，「財務情報等に係る保証業務の概念的枠組みに関する意見書」で示された保証業務の概念的枠組みの観点から，内部統制監査の意義と課題について論じてきた。最後に，保証業務の概念的枠組みの観点からみた内部統制監査の課題について，今一度，整理することにしたい。

　保証業務の概念的枠組みの中で本章が着目したのは，保証業務の実施の前提となる要件である。まず，保証業務の構成要素のうちの「適合する規準」に係

る要件の1つである「目的適合性」について，内部統制監査における「適合する規準」である内部統制基準及び内部統制実施基準がこの「目的適合性」の要件を満足させているかどうかについて検証した。その際，我が国の内部統制監査が主題情報を対象とする保証業務であることと，内部統制監査を含む内部統制報告制度全体が経営者及び監査人双方のコスト負担の軽減を課題の1つとしていることから，経営者による内部統制評価に関してその評価範囲を決定する方法であるトップダウン型のリスク・アプローチを検証対象とした。

　その結果，内部統制基準及び内部統制実施基準が規定するトップダウン型のリスク・アプローチでは，経営者による評価範囲の決定方法の公正性ないし信頼性を充分な形で担保できないことがわかった。それは特に内部統制実施基準の当該規定が理論的根拠の乏しい数値例を含むものであることに起因している。

　経営者による評価範囲の決定方法の公正性ないし信頼性を充分な形で担保できないことは，監査人が経営者による範囲決定の妥当性を適切に判断できないことを意味する。また，このことは，結果として，内部統制基準及び内部統制実施基準が，想定利用者である投資者等の内部統制報告書の信頼性に関する意思決定に役立つ監査意見を導くのに資する規準となり得ていないこと，すなわち「目的適合性」という要件を満足させていないことを意味する。したがって，当該規定は，本制度が定着するに至った今日においては，削除されるべき規定であると考える。

　保証業務の実施の前提となる要件として，本章が着目したもう1つの要件は，保証業務の実施主体である業務実施者に関する要件である。保証業務意見書によれば，業務実施者に関する要件として最も重視されるのは，「独立の立場から公正不偏の態度を保持すること」である。ところが，内部統制実施基準には，内部統制監査の指導的機能を重視するあまりに，外観的独立性及び精神的独立性の双方の面で監査人の独立性の確保を困難にさせる危険性を孕んだ規定が存在する。内部統制の評価範囲の決定段階における経営者と監査人の協議を求める規定や，監査人が有効な内部統制の構築等に向けて適切な指摘を行う

ことを容認する規定がそれである。監査人による指導や助言は，本来，制度の運用面で対応すべき問題であり，指導的機能の重視・強化を謳った文言は基準レベルでは盛り込むべきではない。基準の上で指導的機能の重視・強化を謳うことは，一方で内部統制監査を実施する監査人の外観的独立性を阻害する危険性を孕んでいる。また，それは，他方で内部統制監査における監査人の精神的独立性を否応なしに強調することとなり，内部統制報告制度の正否が監査人及び経営者の誠実性や倫理観に大きく依拠することとなってしまう。監査人及び経営者の誠実性や倫理観に大きく依拠する制度は，諸外国からその正当性を認知されることが容易ではない。指導的機能の重視・強化を謳った規定は，本制度が定着するに至った今日においては，削除されるべき規定であると考えられるのである。

【注】

1）金融商品取引法第 24 条の 4 の 4，第 193 条の 2 第 2 項。

2）山浦［2005］，19 頁。

3）町田［2005］，40 頁。

4）内部統制報告制度を保証業務の観点から論じた論稿として，高原［2019］を挙げることができる。

5）本章では，本意見書のうち，「財務報告に係る内部統制の評価及び監査の基準」を「内部統制基準」，「財務報告に係る内部統制の評価及び監査の実施基準」を「内部統制実施基準」と略称する。

6）ここでは，金融商品取引法に基づく財務諸表監査を想定している。

7）山浦［2005］，19 頁。

8）内部統制に係る監査人による検証の水準が「監査」の水準とされた理由については，内部統制報告制度が設定された当初に公表された「財務報告に係る内部統制の評価及び監査の基準並びに財務報告に係る内部統制の評価及び監査の実施基準の設定について」（2007年 2 月 15 日企業会計審議会公表。企業会計審議会［2007］。以下「旧意見書」という）の前文の二の（4）に説明がある。

9）消極的形式による結論の報告では，「すべての重要な点において，一定の規準に照らして適正性や有効性等がないと考えられるような事項が発見されなかったかどうか」を報告する（保証業務意見書八・2（2））。

10) 保証報告書としての内部統制監査報告書については,「第6章　内部統制監査報告書の特徴」において詳細に論じている。

11) これら5つの要件は,次のように定義されている（保証業務意見書六・1）。①目的適合性：想定利用者による意思決定に役立つ結論を導くのに資する規準であること。②完全性：各業務環境の下で得られる結論に影響を与える要因のうち関連する要因のいずれもが省略されていない規準であること,なお,目的適合的であるならば,表示及び開示の規準が含まれる。③信頼性：同一の環境で同一の資格を有する業務実施者が利用するとき,主題の評価又は測定を合理的にかつ首尾一貫して行うことができる信頼性のある規準であること。④中立性：偏向のない結論を導くのに資する中立的な規準であること。⑤理解可能性：明瞭かつ総合的な結論を導くことに資するもので,著しく異なる解釈をもたらすことなく,保証業務を構成する三当事者にとって理解可能な規準であること。

12) 内部統制基準及び内部統制実施基準の策定に係る審議を行った企業会計審議会の内部統制部会は,企業の経営者,アナリストを含む投資者,公認会計士,学者等の有識者等をその構成員としている。その意味で,内部統制報告制度を巡って利害関係を有すると目される幅広い関係者が基準策定の審議に関わっていたことになる。

13) 先述した5つの要件の1つでも満たさない場合,「適合する規準」たり得ないものと考えられる。

14) 旧意見書前文の二の（4）では,コスト負担の軽減策として,このほかに,内部統制の不備に関する2区分制の採用,ダイレクト・レポーティングの不採用,内部統制監査と財務諸表監査の一体的実施,内部統制監査報告書と財務諸表監査報告書の一体的作成,監査人と監査役・内部監査人の連携が挙げられている。

15) トップダウン型のリスク・アプローチによる評価範囲の決定方法は,内部統制実施基準のⅡの2（2）及び3（2）③で規定されている。以下では,その主なポイントを示す。

16) 内部統制実施基準は,「「財務報告に対する影響の重要性が僅少である事業拠点」の判断については,例えば,売上高で全体の95％に入らないような連結子会社は僅少なものとして,評価の対象からはずすといった取扱いが考えられる」と具体的な数値例を参考として示している（内部統制実施基準Ⅱ・2（2）,（注1））。

17) 内部統制報告制度を見直す点として,「会社の内部統制上の評価範囲の決定に当たって提示された例示は廃止し,評価範囲は会社自身のリスク評価に委ねる」との実務家（公認会計士）の指摘がある（八田・堀江・藤沼［2019］,70頁。藤沼氏の発言）。また,同じく経営者による評価範囲の決定に係る数値例を含む規定に関して,「重要な事業拠点についての3分の2基準というのもありますよね。もしかすると,このように除外されたところこそが問題を抱えているかもしれない。」との指摘もある（八田・堀江・藤沼［2019］,72頁。

堀江氏の発言）。

18）ここにおける「外観的独立性」と「精神的独立性」の意味内容については後述する。

19）『監査基準』の「第二　一般基準　2」は，監査人の独立性について，「監査人は，監査を行うに当たって，常に公正不偏の態度を保持し，独立の立場を損なう利害や独立の立場に疑いを招く外観を有してはならない。」と規定する。本規定のうち，「独立の立場を損なう利害や独立の立場に疑いを招く外観」を有しないことが，外観的独立性の意味内容を表している。長吉［2014］は，本規定について，「独立性を阻害する利害関係を有してはならないだけでなく，独立性の保持に誤解を招くような外観を有してはならないことを定めている。」（長吉［2014］，128頁。下線は引用者）と説明している。本章における「外観的独立性」は，後者，すなわち，「独立性の保持に誤解を招くような外観を有していない」という意味として用いている。

20）内部統制報告制度は，法制度上はじめて，上場企業の経営者に対して財務報告に係る内部統制を，強制力をもって評価させるものであった。経営者は，当然とは言え，法制度対応のためのノウハウをもたない。本制度を軟着陸させるために，内部統制の構築や評価に対する監査人の積極的な関与を認める規定が必要であったと考えても，あながち的外れとは言えないであろう。

21）財務諸表監査の指導的機能を強調する見解として，山桝［1971］や高田［1976］を挙げることができる。

22）二重責任の原則は，2002年改訂の『監査基準』（企業会計審議会2002年1月25日公表）において基準上明示された。現行の『監査基準』（同2020年11月6日公表）でも，「第四　報告基準　三　無限定適正意見の記載事項」の「（3）経営者及び監査役等の責任」及び「（4）監査人の責任」において明確に謳われている。

23）評価範囲に関する経営者と監査人の協議について，「内部統制の評価範囲について経営者と監査人が「協議」することになっており，これは，むしろ，合意された手続に近いということができる。」（山浦［2008］，424頁）との指摘がある。ここにおける「合意された手続」とは，保証業務意見書によれば，「業務実施者が，主題に責任を負う者又は特定の利用者との間で合意された手続に基づき発見した事項のみを報告する業務」（「保証業務意見書」二・4（1））をいう。合意された手続については，「実施される手続が主題に責任を負う者又は限られた利用者との間の合意によって特定されるため，業務実施者が自らの判断により証拠を入手しないこと，及び，手続の結果のみが報告され結論が報告されないことから，保証業務の定義を満たさない。」（保証業務意見書・同上）とされる。内部統制監査の場合，直接報告業務ではないことから，主題に責任を負う者（経営者）と業務実施者（監査人）との間で，業務実施者が実施する手続の対象となる範囲について合意がなされ

ることになる。

24）保証業務意見書は，保証業務でないと理解される業務の例として，「業務実施者が，主題
に責任を負う者の経営又は税務上の判断に関わる助言や調査等を行う業務」を挙げてお
り，その理由としてそれが「主題に責任を負う者のみの利用又は利益のために行う業務」
である点を指摘している（保証業務意見書二・4（1）③）。内部統制の構築ないし整備に
関して，経営者に対して助言を行うことは，これに該当する可能性があると言える。

25）『監査基準』の「第二　一般基準　2」は，監査人の独立性について，「監査人は，監査
を行うに当たって，常に公正不偏の態度を保持し，独立の立場を損なう利害や独立の立場
に疑いを招く外観を有してはならない。」と規定する。本規定のうち，「公正不偏の態度を
保持すること」が精神的独立性の意味内容を表す。

26）「シリーズ内部統制座談会　内部統制実施基準の公表をめぐって」における八田進二氏の
発言。池田他［2007］，23 ～ 24 頁。

27）金融庁は，2007 年 4 月 20 日に「財務報告に係る内部統制の評価及び監査の基準並びに
財務報告に係る内部統制の評価及び監査に関する実施基準（意見書）」の英訳をホーム
ページ上で公表している。これは，我が国の内部統制報告制度の目的や内容を広く世界中
に発信することを意図するものであったと思われる。つまり，金融庁は，当初より，我が
国の内部統制報告制度を「世界に誇れる」ものとして国際社会に認知してもらいたかった
のである。

28）ここにおいて「間接保証」とは，経営者による財務報告に係る内部統制の有効性の評価
結果を記載した内部統制報告書の適正性を保証することで，財務報告に係る内部統制の有
効性を間接的に保証することを意味している。

———— 第3章 ————

内部統制監査と財務諸表監査の関係性

I　はじめに

　内部統制監査は，正式には，「経営者による財務報告に係る内部統制の有効性の評価結果に対する財務諸表監査の監査人による監査」[1] という。この名称から，内部統制監査が財務諸表監査の監査人により実施されること，財務諸表監査と内部統制監査の実施主体が同じであることがわかる。内部統制基準は，このことを明確にすべく，「内部統制監査は，原則として，同一の監査人により，財務諸表監査と一体となって行われるものである。」（内部統制基準Ⅲ・2）と規定している。そして，ここにおける「同一の」のもつ意味について，「ここで「同一の監査人」とは，監査事務所のみならず，業務執行社員も同一であることを意味している。」（内部統制基準Ⅲ・2（注））との注釈を付けている。また，内部統制監査の実施主体と財務諸表監査の実施主体が業務執行社員のレベルで同じであることの帰結として，「内部統制監査の過程で得られた監査証拠は，財務諸表監査の内部統制の評価における監査証拠として利用され，また，財務諸表監査の過程で得られた監査証拠も内部統制監査の証拠として利用されることがある。」（内部統制基準Ⅲ・2）との見解を示している。

　本章は，内部統制監査と財務諸表監査の関係性を，各々の監査対象，監査手続及び監査目的の観点からあきらかにしようとする試みである。序章で述べたように，「内部統制監査と財務諸表監査の一体的実施」は，元来，内部統制監査を実施する監査人の側のコスト負担の軽減策として採用されたものである。ところが，両監査の一体的実施の実効性を確保するためには，前もって相互の関係性を明確にすることが不可欠である。それゆえ，内部統制監査と財務諸表

監査との間の関係性を明らかにすることが重要な課題となる。本章は，そのような課題に取り組むことを意図するものである。

　内部統制監査は，全社的な内部統制の評価の妥当性の検討と業務プロセスに係る内部統制の評価の妥当性の検討の2つの段階で構成されている。このうち，本章で財務諸表監査における内部統制の評価と対比する形で議論するのは，業務プロセスに係る内部統制の評価の妥当性の検討である[2]。以下では，財務諸表監査における内部統制の評価，続いて，内部統制監査における業務プロセスに係る内部統制の評価の妥当性の検討の順序で，それぞれの監査における，内部統制を評価する目的，評価の対象及び評価に際して実施される監査手続について分析し，整理したい。そして，それら分析と整理に基づいて，内部統制監査と財務諸表監査との間の関係性について私見を披歴する。

II　財務諸表監査における内部統制の評価

　財務諸表監査において監査人が実施する監査手続は，それを実施する目的の観点から，リスク評価手続とリスク対応手続に大別される。監査人は，リスク評価手続において内部統制の整備状況の評価[3]を，リスク対応手続において内部統制の運用状況の評価をそれぞれ実施する。以下では，リスク評価手続の段階とリスク対応手続の段階に分けて，財務諸表監査における監査人による内部統制の評価の目的と内容を整理する[4]。

1　リスク評価手続における内部統制の整備状況の評価

（1）リスク評価手続の目的

　まず，リスク評価手続がいかなる目的のために実施される監査手続であるのかを確認する。引き続いて，リスク評価手続において内部統制に関連して監査人に要求される事項について確認したい。監査基準委員会報告書315（以下，「監基報315」という）は，リスク評価手続を次のように定義する。

「「リスク評価手続」−内部統制を含む，企業及び企業環境を理解し，不正
か誤謬かを問わず，財務諸表全体レベルの重要な虚偽表示リスクと，ア
サーション・レベルの重要な虚偽表示リスクを識別し評価するために実施
する監査手続をいう。」(監基報315・3 (5))

　リスク評価手続は，重要な虚偽表示リスクを識別し評価することを目的に実
施される監査手続である。ここにおける重要な虚偽表示リスクとは，「監査が
実施されていない状態で，財務諸表に重要な虚偽表示が存在するリスク」(監
査基準委員会報告書200「財務諸表監査における総括的な目的」(日本公認会計士協会監査基
準委員会 [2019a]。以下「監基報200」という)・12 (10))を指す。これには，重要な
虚偽表示を惹き起こす原因に基づいて，誤謬による重要な虚偽表示リスクと不
正による重要な虚偽表示リスクがある(監基報200・同上)。監査人は，リスク評
価手続において不正によるものか誤謬によるものかを問わず，重要な虚偽表示
リスクを識別し評価しなければならない。
　また，重要な虚偽表示リスクは，虚偽表示が財務諸表にもたらす潜在的な影
響の範囲の観点から，財務諸表全体レベルの重要な虚偽表示リスクとアサー
ション・レベルの重要な虚偽表示リスクに分類される。前者は，「財務諸表全
体に広く関わりがあり，多くのアサーション[5]に潜在的な影響を及ぼす」(監
基報200・A34)重要な虚偽表示リスクをいう。後者に関して，まず，アサー
ション・レベルとは，「財務諸表項目レベル，すなわち取引種類，勘定残高及
び注記事項に関連するアサーション」(監基報315・4)のレベルを意味する。
よって，アサーション・レベルの重要な虚偽表示リスクは，このレベルで識別
し評価される重要な虚偽表示リスクということになる。例えば，売掛金の実在
性に重要な虚偽表示が存在するリスクは，アサーション・レベルの重要な虚偽
表示リスクである。これに対して，財務諸表全体レベルの重要な虚偽表示リス
クは，特定のアサーションに必ずしも結び付けることができない性格をもった
重要な虚偽表示リスクである。財務諸表全体レベルの重要な虚偽表示リスク
は，むしろ，経営者による内部統制の無効化のように，アサーション・レベル

における重要な虚偽表示リスクを高めることがある状況を意味するとされる
（監基報315・A117）。監査人は，リスク評価手続において，不正によるものか誤
謬によるものかを問わず，これら2つのレベルで重要な虚偽表示リスクを識別
し評価しなければならない。

（2）リスク評価手続における要求事項

　リスク評価手続において，監査人は重要な虚偽表示リスクを識別し評価しな
ければならない。監基報315は，重要な虚偽表示リスクを識別し評価するため
に監査人が実施しなければならない事項を，次の4つの段階に分けて規定して
いる。

> 「（1）企業及び企業環境（虚偽表示リスクに関連する内部統制を含む。）を理解
> 　　する過程を通じて，また，取引種類，勘定残高及び注記事項（定性的及び
> 　　定量的な情報を含む。）を検討することにより，虚偽表示リスクを識別す
> 　　る。
> 　（2）識別した虚偽表示リスクが，財務諸表全体に広く関わりがあり，多
> 　　くのアサーションに潜在的に影響を及ぼすものであるかどうかを評価す
> 　　る。
> 　（3）識別した虚偽表示リスクが，アサーション・レベルでどのような虚
> 　　偽表示になり得るのかを関連付ける。このとき，当該リスクに関連する
> 　　内部統制を考慮する（運用評価手続の実施を予定している場合）。
> 　（4）複数の虚偽表示につながる可能性も含め，虚偽表示の発生可能性を
> 　　検討し，潜在的な虚偽表示の影響の度合い（重要な虚偽表示となるかどう
> 　　か。）を検討する。」（監基報315・25）

　監査人は，内部統制を含む，企業及び企業環境の理解[6]を通じて虚偽表示
リスクを識別するよう要求される。また，原則として，虚偽表示は取引種類，
勘定残高及び注記事項に関連付けて識別されるものと考えられる。それゆえ，

虚偽表示リスクの識別に当たっては，取引種類，勘定残高及び注記事項の検討
が監査人に求められる。もっとも，例えば，統制環境に関する事項は多くのア
サーションに潜在的な影響を及ぼすことがある[7]。したがって，財務諸表全体
レベルの虚偽表示リスクの識別もまた要求される。アサーション・レベルの虚
偽表示リスクは，リスク対応手続の段階で運用評価手続の実施を予定している
場合，当該虚偽表示リスクに関連する内部統制と関連付けられる必要がある。
この点については後述する。

（3）内部統制を含む，企業及び企業環境の「理解」の意味

　監査人は，リスク評価手続において，内部統制を含む，企業及び企業環境の
理解を通じて重要な虚偽表示リスクを識別し評価する。それでは，ここにおけ
る「理解」とはどのような手続を指しているのか。この「理解」の意味すると
ころは，リスク評価手続における監査人による内部統制の評価を考察する上
で，重要な意味をもつ。それが，監査人が内部統制に関連してリスク評価手続
として実施すべき監査手続の内容を規定するからである。監基報315は，「理
解」という文言に次のような特別な意味を付与している。

　　「　内部統制を含む，企業及び企業環境の理解は，監査の過程を通じた継
　　続的かつ累積的な情報の収集，更新及び分析のプロセスである。」（監基報
　　315・A1)

　ここにおける「理解」は，内部統制を含む，企業及び企業環境に関する情報
の単なる収集にとどまらない。必要に応じて収集した情報を更新する。そして
それらに分析を施すプロセスを含むのである。しかも，このプロセスは監査の
過程を通じて実施される。つまり，リスク評価手続の終了とともに完了するの
ではない[8]。そうではなく，監査の全過程を通して継続的に実施される。また，
そういった理解の結果は，監査調書において累積されていくことになる[9]。

（4）内部統制を理解することの意義

次に，我々にとって関心の的である内部統制に考察の対象を絞っていくことにする。リスク評価手続において監査人に求められる内部統制の理解とは，いかなる目的や役立ちをもち，どのような範囲をその対象とし，いかなる方法で実施される監査手続なのか，これらについて順次あきらかにしていきたい。

① 内部統制の理解の目的と役立ち

監査人は，内部統制を含む，企業及び企業環境の理解を通じて重要な虚偽表示リスクを識別するように要求される。内部統制の理解は，重要な虚偽表示リスクを識別するための企業及び企業環境の理解の一環として監査人に求められるが，特に，重要な虚偽表示リスクを構成するリスクのうちの統制リスクの識別・評価と関連がある[10]。それでは，重要な虚偽表示リスクを識別し評価する目的をもつリスク評価手続にあって，内部統制の理解は，より具体的にどのような役割を果たすのか。監基報 315 は，これに関して，「内部統制の理解は，監査人が，潜在的な虚偽表示の種類と重要な虚偽表示リスクに影響する要素を識別し，実施するリスク対応手続の種類，時期及び範囲を立案することに役立つ。」（監基報 315・A46）とする。監査人は，内部統制の理解を通して，潜在的な虚偽表示の種類と重要な虚偽表示リスクに影響する要素を識別する。そして，その結果を実施するリスク対応手続の種類，時期及び範囲を立案することに役立てる。

「潜在的な虚偽表示の種類」を識別するとは，財務諸表のどこに，どのようなタイプの虚偽表示が存在する可能性があるかを識別することを指すと考えられる。監査人は，発生する可能性のある様々な種類の潜在的な虚偽表示を考慮する際にアサーションを利用する（監基報 315・A124）。したがって，ここに言う内部統制の理解はアサーションに関連付けた形で行われるものと考えられる。

また，「重要な虚偽表示リスクに影響する要素」とは，重要な虚偽表示リスクがアサーション・レベルでは固有リスクと統制リスクの 2 つの要素で構成さ

れていること，また，内部統制の理解を通してそれを識別することから，当該アサーションに係る統制リスクに関連する要素であると思考される。

② 内部統制の理解の対象範囲

　続いて，リスク評価手続に際して監査人に理解が要求されている内部統制の範囲，すなわち理解の対象範囲となる内部統制について考察する。ただし，その前に，議論の前提となるよう，監基報315が定める内部統制の定義，意義及び構成要素について確認する。まず，監基報315は，内部統制を次のように定義している。

> 「「内部統制」－企業の財務報告の信頼性を確保し，事業経営の有効性と効率性を確かめ，事業経営に係る法令の遵守を促すという企業目的を達成するために，経営者，取締役会，監査役若しくは監査役会，監査等委員会又は監査委員会（以下，監査役若しくは監査役会，監査等委員会又は監査委員会を「監査役等」という。）及びその他の企業構成員により，整備及び運用されているプロセスをいう。」（監基報315・3 (4)）

続いて，監基報315は，内部統制の意義を次のように規定している。

> 「　内部統制は，以下に関する企業目的の達成を妨げるおそれがあると識別した事業上のリスク[11]に対応するために整備及び運用されている。
> ・企業の財務報告の信頼性
> ・事業経営の有効性と効率性
> ・事業経営に係る適用される法令の遵守
> 内部統制の整備及び運用の方法は，企業の規模や複雑性により異なっている。」（監基報315・A48）

また，監基報315は，内部統制を5つの構成要素に分割する。

「　内部統制を，本報告書の目的 [12] に応じて，以下の五つの構成要素に分
割することは，内部統制の異なる局面がどのように監査に影響するかに
ついて，監査人に有益な枠組みを提供する。

（１）統制環境

（２）企業のリスク評価プロセス

（３）財務報告に関連する情報システム（関連する業務プロセスを含む。）と
伝達

（４）統制活動

（５）監視活動」（監基報 315・A55）

　監基報 315 は，事業上のリスクを３つの企業目的と関連づけた上で，内部統
制をそれら３つの企業目的に関係する事業上のリスクに対応するために企業が
整備運用するプロセスであると捉えている。それでは，リスク評価手続に際し
て理解の対象となる内部統制は，上記で言う内部統制のうちのどの範囲なの
か。監基報 315 は，理解の対象範囲となる内部統制を「監査に関連する内部統
制」とよぶ。監基報 315 は次のように説明する。

「　監査人は，監査に関連する内部統制を理解しなければならない。監査
に関連する内部統制のほとんどは財務報告に係る内部統制 [13] であるが，
財務報告に係る内部統制が全て監査に関連するとは限らない。内部統制
が，単独で又は他の幾つかとの組合せで，監査に関連しているかどうか
は，監査人の職業的専門家としての判断によることとなる。」（監基報 315・
11）

　リスク評価手続において監査人が理解を要求される内部統制，つまり監査に
関連する内部統制の範囲を画定することは，財務諸表監査における内部統制の
評価において重要な意味をもつ。なぜなら，監査に関連する内部統制こそが監

査人による整備状況及び運用状況の評価の対象となる内部統制であるからである。それゆえ，ここで，監査に関連する内部統制の内実について，さらに考察することにしたい。

　監査に関連する内部統制の範囲を考察する手がかりは，内部統制の理解が果たす役割にある。先述したように，内部統制の理解は，「監査人が，潜在的な虚偽表示の種類と重要な虚偽表示リスクに影響する要素を識別し，実施するリスク対応手続の種類，時期及び範囲を立案することに役立つ。」(監基報315・A46) のであった。後述するように，リスク対応手続は，識別し評価したアサーション・レベルの重要な虚偽表示リスクに対応して，立案し実施する監査手続である。また，これも後述するように，リスク対応手続のうち，運用評価手続は，アサーション・レベルの重要な虚偽表示を防止又は発見・是正する内部統制を対象とする監査手続である。したがって，ここに言う理解の対象たる内部統制（＝「監査に関連する内部統制」）は，アサーション・レベルの重要な虚偽表示を防止又は発見・是正すると想定ないし期待される内部統制である。先ほど述べたように，監査人は発生する可能性のある虚偽表示の種類を考慮する際にアサーションを利用する。そのことからも，ここにおける内部統制は，アサーション・レベルの重要な虚偽表示を防止又は発見・是正すると想定される内部統制であると言える[14) 15)]。

　他方，上記の規定（監基報315・11）における「監査人の職業的専門家としての判断」に関連する要因として，監基報315は，「(ア) 重要性」・「(イ) 関連するリスクの重要度」・「(ウ) 企業の規模」・「(エ) 組織形態や所有形態を含む事業の性質」・「(オ) 事業の多様性と複雑性」・「(カ) 適用される法令や規制」・「(キ) 企業環境と適用される内部統制の構成要素」・「(ク) 内部統制の一部を構成するシステム（受託会社の利用を含む。）の性質と複雑性」・「(ケ) 重要な虚偽表示を，防止又は発見・是正している特定の内部統制の有無（単独又は他のいくつかとの組合せ）及びその方法」を例示している[16)]。

　これらの要因のうち，（ウ）～（キ）は，企業及び企業環境の理解を通して得た情報と関連性があり，監査人は当該理解に基づいて内部統制が監査に関連

する内部統制かどうかを判断する。（ア）は，リスク評価手続の目的が重要な虚偽表示リスクの識別と評価にあること，また，虚偽表示はアサーションを通して内部統制と関連付けられることから，アサーションに潜在する虚偽表示の金額的及び質的な重要性を指すものと考えられる。なお，上述の規定（監基報 315・11）において「財務報告に係る内部統制が全て監査に関連するとは限らない。」とあるのは，当該内部統制に関連するアサーションの金額的あるいは質的な重要性を考慮した結果であると思考される。つまり，当該内部統制に関連するアサーションが金額的にも質的にも重要性がないと監査人が判断した場合，当該内部統制は財務報告に係る内部統制であっても，監査に関連する内部統制とはならないのである。（イ）における「関連するリスク」とは，統制リスクと共に重要な虚偽表示リスクを構成する要素である固有リスクを指すものと考えられる。特定のアサーションについて関連する固有リスクが高い場合，当該アサーションに係る内部統制が監査に関連する内部統制に該当する蓋然性は高いと言える。また，（ク）は，会計システムを含む財務報告に関連する情報システムに内部統制が組み込まれている場合，特にITを利用した内部統制が利用されている場合を想定しているものと考えられる。最後に（ケ）は，重要な虚偽表示を防止又は発見・是正している内部統制が存在するかどうかであり，もし存在するならばそれは当然に監査に関連する内部統制ということになる[17]。

③ 内部統制の理解の方法

内部統制の理解はどのような方法で行われるのか。内部統制の理解の過程で監査人に具体的に求められる手続は何か。監基報315は，次のように規定する。

「　監査人は，監査に関連する内部統制を理解する際に，内部統制のデザインを評価し，これらが業務に適用されているかどうかについて，企業の担当者への質問とその他の手続を実施して評価しなければならない。」
（監基報315・12）

　監査人が内部統制の理解に際して求められるのは，内部統制のデザインと業務への適用に関する評価である[18]。このうち，まず内部統制のデザインの評価は，「内部統制が単独で又は他のいくつかの内部統制との組合せで，重要な虚偽表示を有効に防止又は発見・是正できるかどうかを検討することを含む。」（監基報315・A69）とされる。他方，内部統制の業務への適用については，「内部統制が業務に適用されているということは，内部統制が存在し，実際に企業が利用していることを意味している。」（監基報315・同上）とされる。内部統制の理解に際しては，まず内部統制のデザインの評価が実施される。そして，デザインが有効であると判断された内部統制，つまり重要な虚偽表示を有効に防止又は発見・是正できると判断された内部統制についてのみ，続いてその業務への適用が評価される。なお，内部統制のデザインと業務への適用についての監査証拠を入手するために実施されるリスク評価手続には，企業の担当者への質問，特定の内部統制の適用状況の観察，文書や報告書の閲覧，財務報告に関連する情報システムを介した取引のウォークスルーが含まれることがある[19]。

④ 内部統制とアサーションの関連付け

　先ほど述べたように，監査人は，内部統制を含む，企業及び企業環境の理解を通じて識別した虚偽表示リスクがアサーション・レベルでどのような虚偽表示になり得るのか関連付けなければならない。このように，アサーションは，監査人が発生する可能性のある虚偽表示の種類を考慮する際に利用するものである。また，虚偽表示リスクをアサーションと関連付ける際に，監査人は当該虚偽表示リスクに関連する内部統制を考慮する[20]。結果として，識別した虚偽表示リスクを介してアサーションとそれに関連する内部統制が関連付けられることになる。そして，続く運用評価手続において，アサーション・レベルの重要な虚偽表示リスクを防止又は発見・是正する上で，関連する内部統制が実際上どの程度有効であるかが評価されることになる。

2　リスク対応手続における内部統制の運用状況の評価

（1）リスク対応手続の目的

　まず，リスク対応手続がいかなる目的のために実施される監査手続であるのかを確認する。引き続いて，リスク対応手続において内部統制に関連して監査人に要求される事項について確認したい。監基報330は，リスク対応手続を次のように定義する。

　　「「リスク対応手続」－監査リスクを許容可能な低い水準に抑えるために，識別し評価したアサーション・レベルの重要な虚偽表示リスクに対応して，立案し実施する監査手続をいう。リスク対応手続は，運用評価手続と実証手続で構成する。」（監基報330・3 (3)）

　リスク対応手続は，究極的に言えば，財務諸表監査において監査リスクを許容可能な低い水準に抑えるために実施する監査手続である。また，リスク対応手続は，あくまでも，リスク評価手続の段階で識別し評価したアサーション・レベルの重要な虚偽表示リスクに対応して実施する監査手続であり，財務諸表全体レベルの重要な虚偽表示リスクに対応して実施される監査手続ではない[21]。

（2）運用評価手続の対象となる内部統制

　リスク対応手続のうちで我々の関心の対象となるのは，もちろん，運用評価手続である[22]。監基報330は，運用評価手続を次のように定義する。

　　「「運用評価手続」－アサーション・レベルの重要な虚偽表示を防止又は発見・是正する内部統制について，その運用状況の有効性を評価するために立案し実施する監査手続をいう。」（監基報330・3 (1)）

　リスク評価手続の段階で，監査人は，識別した虚偽表示リスクがアサーション・レベルでどのような虚偽表示となり得るかを関連付けるよう求められる。

また，その際，監査人は，当該虚偽表示リスクに関連する内部統制を考慮するよう求められる[23]。そして，当該虚偽表示リスクに関連する内部統制のうちで，内部統制のデザインの評価により，デザインが有効である，つまり特定のアサーションに係る重要な虚偽表示を有効に防止又は発見・是正できると判断された内部統制について，続いてその業務への適用が評価され，業務で利用されているかどうか確認される。

　運用評価手続の対象となる内部統制は，以上のプロセスを経て，少なくとも整備状況の側面で「アサーション・レベルの重要な虚偽表示を防止又は発見・是正する内部統制」として認められたものを指すのである。つまり，運用評価手続は，アサーション・レベルの重要な虚偽表示を防止又は発見・是正するために適切にデザインされていると監査人が判断する内部統制に対してのみ実施される（監基報330・A19）。

（3）運用評価手続の実施が求められる状況

　リスク対応手続において，監査人は，以下のいずれかの場合には，関連する内部統制の運用状況の有効性に関して，十分かつ適切な監査証拠を入手する運用評価手続を実施しなければならない（監基報330・7）。

① アサーション・レベルの重要な虚偽表示リスクを評価した際に，内部統制が有効に運用されていると想定する場合（すなわち，実証手続の種類，時期及び範囲の決定において，有効に運用されている内部統制への依拠を予定している場合）

② 実証手続のみでは，アサーション・レベルで十分かつ適切な監査証拠を入手できない場合

　リスク評価手続においてアサーション・レベルの重要な虚偽表示のリスクを評価するに当たり，関連する内部統制の存在を考慮して当該アサーションに係る重要な虚偽表示リスクを相対的に低いと評価し[24]，その結果を受けてリスク対応手続において実証手続を立案する場合には，当該内部統制が有効に運用

されているかどうかを確かめるために運用評価手続を実施する。有効な内部統制に依拠するやり方で実証手続の種類，時期及び範囲を決定するためには，関連する内部統制の運用状況の有効性に関する十分かつ適切な監査証拠を，運用評価手続によって入手しなければならないのである。

　アサーション・レベルの重要な虚偽表示リスクに関して，実証手続のみでは十分かつ適切な監査証拠を入手できないと判断した場合，監査人は運用評価手続を実施しなければならない。これには，「定型的な取引が，ほとんど又は全く手作業を介在させない高度な自動化処理により処理されている場合」（監基報315・A144），例えば，「企業が IT を利用して業務を行っており，取引に関連する文書が IT システム外で作成，保存されていない場合」（監基報330・A23）や「統合業務システムのように，企業の膨大な情報が，電子的な方法によってのみ開始，記録，処理，報告されるような状況」（監基報315・A144）が想定されている。こういった場合，文書の形態での監査証跡が存在せず，利用可能な監査証拠は電子媒体のみで存在することになる。したがって，IT システムないし情報システムに対する内部統制の運用状況の有効性を評価することでしか，電子媒体として存在する監査証拠の十分性と適切性を判断することはできないことになる。

（4）運用評価手続の種類と範囲

　監査人は，運用評価手続により，監査対象期間において内部統制がどのように運用されていたか，その運用は一貫していたか，誰が又はどのような方法で運用していたかに関する監査証拠を入手する（監基報330・9）。運用評価手続は，リスク評価手続において内部統制のデザインと業務への適用についての監査証拠を入手することとは異なる。監査人は，内部統制のデザインと業務への適用を評価することにより，企業に内部統制が存在し利用されているかどうかを判断する。他方，監査人は，運用評価手続を実施することによって，内部統制が監査対象期間において実際上有効に運用されているかどうかに関する監査証拠を入手する。

　しかし，運用評価手続は，通常，内部統制のデザイン及び業務への適用について評価するために利用されるのと同じ監査手続のほか，監査人による内部統制の再実施も含まれる[25]。すなわち，運用評価手続で実施される監査手続には，質問・観察・閲覧・再実施が含まれる。もっとも，質問だけでは内部統制の運用評価手続としては十分でないことから，その他の監査手続を組み合わせて実施する。その場合，観察は観察を実施する時点だけに関連するものであるから，質問と観察を実施するよりも，記録や文書の閲覧又は再実施を組み合わせて質問を実施する方が，より確かな心証を得られる監査証拠を入手することができる（監基報330・A25）。

　監査人は，運用評価手続の立案と実施に当たって，有効に運用されている内部統制への依拠の程度が高いほど，より確かな心証が得られる監査証拠を入手しなければならない（監基報330・8）。また，内部統制の運用状況の有効性について，より確かな心証が得られる監査証拠が必要と判断する場合には，運用評価手続の範囲の拡大が適切なことがある。運用評価手続の範囲を決定するに当たっては，内部統制への依拠の程度と同様に，以下の事項を考慮することがある（監基報330・A27）。

・依拠する期間における内部統制の実施頻度
・監査対象期間のうち監査人が有効に運用されている内部統制に依拠する期間
・内部統制の予想逸脱率
・アサーション・レベルでの内部統制の運用状況の有効性について入手された監査証拠の適合性及び証明力
・アサーションに関連した別の内部統制について実施した運用評価手続から入手した監査証拠の程度

　依拠する期間における内部統制の実施頻度が高いほど，監査対象期間のうち内部統制に依拠する期間が長いほど，運用評価手続の範囲が広くなるものと考えられる。内部統制の予想逸脱率に関しては，予想逸脱率が高いほど運用評価手続の範囲が広くなるものと思われるが，予想逸脱率が非常に高い場合には，

評価対象たる内部統制をアサーション・レベルの重要な虚偽表示を防止又は発見・是正する内部統制とみなし得るかどうかについての是非が問われることになる。つまり、当該内部統制に対して運用評価手続を実施すること自体の是非が問われると考えられる[26]。また、リスク評価手続を通してアサーション・レベルでの内部統制の運用状況の有効性に関する監査証拠をすでに入手している場合[27]には、当該監査証拠の適合性と証明力が大きければ大きいほど、運用評価手続の範囲は狭くなるものと思考される。最後に、同じアサーションに関連する別の内部統制が存在するとして、当該内部統制に対してすでに実施した運用評価手続から得られた監査証拠の内容は、評価対象たる内部統制に対する運用評価手続の範囲を決定する際に考慮するものと考えられる。

(5) 運用評価手続と実証手続の関係

　監査人は、評価したアサーション・レベルの重要な虚偽表示リスクに応じて、実施するリスク対応手続の種類、時期及び範囲を立案し実施しなければならない（監基報330・5）。監基報330は、リスク対応手続の立案と実施に関して、運用評価手続と実証手続を組み合わせる監査アプローチが有効である（監基報330・A4 (3)）として推奨している。

　もっとも、監査人は、評価した重要な虚偽表示リスクの程度にかかわらず、重要な取引種類、勘定残高及び注記事項の各々に対する実証手続を立案し実施しなければならない（監基報330・17）。監基報330は、監査人に対してこのような要求事項を課している理由について、「この要求事項は、監査人のリスク評価が判断に基づくものであり重要な虚偽表示リスクの全てを識別していない場合があること、及び内部統制には経営者による内部統制の無効化を含む限界があることといった事実を反映している。」（監基報330・A41）と説明している。

　運用評価手続は、アサーション・レベルの重要な虚偽表示を防止又は発見・是正すると想定する内部統制について、その運用状況の有効性を評価する監査手続である。これに対して、実証手続は、アサーション・レベルの重要な虚偽表示を発見することを目的とする監査手続である。仮に実証手続によって、特

定のアサーションに重要な虚偽表示が存在することが明らかになったとする。その場合，その事実が当該アサーションに関連する内部統制の有効性に関する評価に影響を及ぼすことがある。この点に関して，監基報 330 は，「監査人は，関連する内部統制の運用状況の有効性の評価において，実証手続によって発見された虚偽表示が，内部統制が有効に運用されていないことを示唆しているかどうかを評価しなければならない。」(監基報 330・15) としている。さらに，監基報 330 は，「監査人の手続によって発見された重要な虚偽表示が，内部統制の重要な不備の存在を強く示唆する。」(監基報 330・A39) とさえ説明している。以上のことを総合すると，運用評価手続における監査人による内部統制の運用状況の有効性に関する評価は，実証手続の結果によって検証され，修正を余儀なくされることがあると言える。換言すれば，運用評価手続における重要な虚偽表示リスクに関する監査人の評価は，実証手続の結果に基づいて修正される可能性を常に孕んでいる暫定的なものであるということである。

III　内部統制監査における経営者による業務プロセスに係る内部統制の評価の妥当性の検討

1　経営者による業務プロセスに係る内部統制の評価

（1）業務プロセスに係る内部統制の評価の焦点

　まず，業務プロセスに係る内部統制の評価において経営者が行う手続の概要について，内部統制基準は次のように規定する。

　　「経営者は，全社的な内部統制の評価結果を踏まえ，評価対象となる内部統制の範囲内にある業務プロセスを分析した上で，財務報告の信頼性に重要な影響を及ぼす統制上の要点（以下「統制上の要点」という。）を選定し，当該統制上の要点について内部統制の基本的要素が機能しているかを評価する。」(内部統制基準 II・3 (3))

　上記の規定から理解できるように，業務プロセスに係る内部統制の評価に際して，経営者が評価の対象とする内部統制は，「統制上の要点」たる内部統制である。統制上の要点とは，財務報告の信頼性に重要な影響を及ぼす内部統制をいう。経営者は，この統制上の要点について内部統制の基本的要素が機能しているかを評価することになる。

　そうすると，経営者の立場からは，評価対象とした業務プロセスにおいて何が統制上の要点であるかについて適切に判断し，それを選定することが重要である。それゆえ，後述するように，監査人による業務プロセスに係る内部統制の評価の妥当性の検討において，経営者による統制上の要点の選定の適切性を判断することが肝要となる。

　このように，業務プロセスに係る内部統制の評価では，統制上の要点たる内部統制にその焦点が絞られる。もっとも，統制上の要点が何かを決定するためには，まず，対象となった業務プロセスの分析が必要である。以下では，内部統制基準及び内部統制実施基準の規定を参照して，経営者による業務プロセスに係る内部統制の評価の過程を確認し，その特徴を描写することとしたい。

（2）業務プロセスに係る内部統制の評価の過程
① 評価対象となる業務プロセスの把握・整理
　業務プロセスに係る内部統制の評価は，まず，評価対象となる業務プロセスを分析することからはじまる。

　「　経営者は，評価対象となる業務プロセスにおける取引の開始，承認，
　　記録，処理，報告を含め，取引の流れを把握し，取引の発生から集計，
　　記帳といった会計処理の過程を理解する。」（内部統制実施基準Ⅱ・3（3）①）

　統制上の要点は財務報告の信頼性に重要な影響を及ぼす内部統制である。それゆえ，統制上の要点を選定するためには，まず，評価対象となる業務プロセスにおける取引の流れを把握し，そこで行われる会計処理の過程を理解するこ

とが必要となる。

　ここで経営者に求められている手続は，財務諸表監査のリスク評価手続において監査人が内部統制の整備状況を評価する[28]際に実施することが想定されている手続に類似している。すなわち，ウォークスルーという手続がそれである。繰返しになるが，ウォークスルーとは，「財務報告目的の情報システムにおいて，取引の開始から財務諸表に反映されるまでを追跡する」(監基報(序)・12)監査手続である。ウォークスルーは，内部統制のデザインと業務への適用についての監査証拠を入手するためのリスク評価手続の1つである。

② 虚偽記載の発生するリスクとこれを低減する統制の識別

　評価対象となる業務プロセスに関する分析の結果を基礎に，経営者は次に業務プロセスで発生する可能性のある虚偽記載[29]とこれを低減する内部統制を識別する。まず，不正又は誤謬により虚偽記載が発生するリスクの識別に関して，内部統制実施基準は次のように規定する。

「イ．経営者は，評価対象となる業務プロセスにおいて，不正又は誤謬により，虚偽記載が発生するリスクを識別する。

　　このリスクを識別するに当たっては，当該不正又は誤謬が発生した場合に，実在性，網羅性，権利と義務の帰属，評価の妥当性，期間配分の適切性，表示の妥当性といった適切な財務情報を作成するための要件のうち，どの要件に影響を及ぼすかについて理解しておくことが重要となる。

　　a. 実在性－資産及び負債が実際に存在し，取引や会計事象が実際に発生していること

　　b. 網羅性－計上すべき資産，負債，取引や会計事象を全て記録していること

　　c. 権利と義務の帰属－計上されている資産に対する権利及び負債に対する義務が企業に関係していること

　　d. 評価の妥当性－資産及び負債を適切な価額で計上していること

　　e. 期間配分の適切性－取引や会計事象を適切な金額で記録し，収益及び
　　　費用を適切な期間に配分していること
　　f. 表示の妥当性－取引や会計事象を適切に表示していること」

（内部統制実施基準Ⅱ・3 (3) ②）

　ここでは，財務諸表監査において「アサーション」として理解されている事
柄（実在性等）を，経営者の立場から適切な財務情報を作成するための要件とし
て捉えている。そして，不正又は誤謬が発生した場合，それがこれらの要件に
どのような影響を及ぼすかに関する理解を経営者に求めている。不正又は誤謬
が発生したということは，適切な財務情報を作成するための要件のうちの１つ
あるいはそれ以上が満たされておらず，虚偽記載が生じているということを意
味する。すなわち，上記の規定は，適切な財務情報を作成するための要件が満
たされない可能性（危険性）を，虚偽記載の発生リスクと解釈しているのである。
　続いて，虚偽記載の発生するリスクを低減するための内部統制，つまり，統
制上の要点としての内部統制を識別する方法について，内部統制実施基準は次
のように規定する。

「ロ．虚偽記載が発生するリスクを低減するための統制上の要点を識別する。
　　経営者は，虚偽記載が発生するリスクを低減するための内部統制を識別す
　　る。その際，特に取引の開始，承認，記録，処理，報告に関する内部統制を
　　対象に，実在性，網羅性，権利と義務の帰属，評価の妥当性，期間配分の適
　　切性，表示の妥当性といった適切な財務情報を作成するための要件を確保す
　　るために，どのような内部統制が必要かという観点から識別する。
　　経営者は，個々の重要な勘定科目に関係する個々の統制上の要点について，
　　内部統制が適切に機能し，実在性，網羅性，権利と義務の帰属，評価の妥当
　　性，期間配分の適切性，表示の妥当性といった要件を確保する合理的な保証
　　を提供しているかを判断することを通じて，財務報告に係る内部統制につい
　　ての基本的要素が機能しているかを判断する。」（内部統制実施基準Ⅱ・3 (3) ②）

　先ほど指摘したように，内部統制実施基準は，適切な財務情報を作成するための要件が満たされない可能性を虚偽記載の発生リスクと解釈している。それゆえ，虚偽記載が発生するリスクを低減するための内部統制は，適切な財務情報を作成するための要件が満たされない可能性を低減させる内部統制，換言すれば，それらの要件を確保する合理的な保証を提供する内部統制ということになる。以上のことから，統制上の要点（＝虚偽記載が発生するリスクを低減するための内部統制）は，適切な財務情報を作成するための要件と関連付けて識別される。そして，統制上の要点について，内部統制が適切に機能していると，当該統制上の要点は適切な財務情報を作成するための要件を確保する合理的な保証を提供していることになる。その場合，経営者は財務報告に係る内部統制について内部統制の基本的要素が機能しており，有効であると判断することになる。また，上記の規定の後段から，統制上の要点は，重要な勘定科目を単位として識別されることがわかる。

　ところで，適切な財務情報を作成するための要件として例示されている「実在性，網羅性，権利と義務の帰属，評価の妥当性，期間配分の適切性，表示の妥当性」は，先述したように，財務諸表監査においてアサーションと称されるものに相当する。そうすると，経営者による業務プロセスに係る内部統制の評価に際して，その焦点ともいえる統制上の要点たる内部統制は，財務諸表監査において監査人による評価の対象となる，アサーション・レベルの重要な虚偽表示を防止又は発見・是正する内部統制に相当することがわかる[30]。この点に関しては，後で詳述する。

③ 業務プロセスに係る内部統制の整備状況の有効性の評価

　統制上の要点が選定されると，次に，その選定された統制上の要点たる内部統制について整備状況の評価が実施される。

「　経営者は，上記②³¹⁾ によって識別した個々の重要な勘定科目に関係する個々の統制上の要点が適切に整備され，実在性，網羅性，権利と義務の帰属，評価の妥当性，期間配分の適切性，表示の妥当性といった適切な財務情報を作成するための要件を確保する合理的な保証を提供できているかについて，関連文書の閲覧，従業員等への質問，観察等を通じて判断する。この際，内部統制が規定や方針に従って運用された場合に，財務報告の重要な事項に虚偽記載が発生するリスクを十分に低減できるものとなっているかにより，当該内部統制の整備状況の有効性を評価する。

その際には，例えば，以下のような事項に留意する。

・内部統制は，不正又は誤謬を防止又は適時に発見できるよう適切に実施されているか。(a)

・適切な職務の分掌が導入されているか。(b)

・担当者は，内部統制の実施に必要な知識及び経験を有しているか。(c)

・内部統制に関する情報が，適切に伝達され，分析・利用されているか。(d)

・内部統制によって発見された不正又は誤謬に適時に対処する手続が設定されているか。(e)」（内部統制実施基準Ⅱ・3 (3) ③。ただし，記号は引用者による）

　経営者は，統制上の要点として識別した内部統制の整備状況を，関連文書の閲覧，従業員等への質問，観察等の手続により評価する。整備状況の有効性は，当該内部統制が規定や方針に従って運用された場合に，財務報告の重要な事項に虚偽記載が発生するリスクを十分に低減できるものとなっているかにより判断される。ここにおいて経営者が実施している手続は，財務諸表監査のリスク評価手続において，監査人が整備状況の評価の対象とした内部統制に対して実施する，内部統制のデザインとその業務への適用の評価の際に利用する手

続と同様である。

　ところで，業務プロセスに係る内部統制の位置付けについて，内部統制監査に係る実務指針は，「…，業務プロセスに係る内部統制は，業務プロセスに組み込まれ一体となって遂行される内部統制であり，予想されるリスクに対して防止又は発見する機能を担う。基本的要素との関係では，主として統制活動，情報と伝達，モニタリング及びITへの対応が関係している。」[32]と説明している。上記の規定にいう整備状況の評価に際しての留意事項は，実務指針による説明と概ね合致している。例えば，(a)は，業務プロセスに係る内部統制が予想されるリスクに対して防止又は発見する機能を担っている，との認識が背景にある。また，(b)は内部統制の基本的要素のうち統制活動に，(d)は情報と伝達に，(e)はモニタリングにそれぞれ関係している。

④ 業務プロセスに係る内部統制の運用状況の有効性の評価
　引き続いて，経営者は，業務プロセスに係る内部統制の運用状況の評価を行う。むろん，ここで運用状況を評価する対象となる内部統制は，整備状況の評価の段階で，適切な財務情報を作成するための要件を確保する合理的な保証を提供できると判断された内部統制，換言すれば，規定や方針に従って運用された場合に財務報告の重要な事項に虚偽記載が発生するリスクを十分に低減できると判断された内部統制である。
　内部統制実施基準は，業務プロセスに係る内部統制の運用状況の評価に際して経営者が実施する手続の概要を次のように規定している。

「イ．運用状況の評価の内容
　　経営者は，業務プロセスに係る内部統制が適切に運用されているかを判断するため，業務プロセスに係る内部統制の運用状況の評価を実施する。
　　経営者は，関連文書の閲覧，当該内部統制に関係する適切な担当者への質問，業務の観察，内部統制の実施記録の検証，各現場における内部統制の運用状況に関する自己点検の状況の検討等により，業務プロセス

に係る内部統制の運用状況を確認する。」（内部統制実施基準Ⅱ・3（3）④）

　業務プロセスに係る内部統制の運用状況の評価に際して経営者が実施する手続は，内部統制の実施記録の検証及び内部統制の運用状況に関する自己点検の状況の検討を除けば，財務諸表監査の運用評価手続において監査人が実施する監査手続と異なるところはない。

2　監査人による業務プロセスに係る内部統制の評価の妥当性の検討

（1）監査人に要求される事項

　ダイレクト・レポーティングを採用していない我が国の内部統制監査では，制度上の建付けとして，監査人は経営者の行った財務報告に係る内部統制の評価の妥当性を検討する。まず，内部統制基準は，監査人に対して，業務プロセスに係る内部統制の評価の妥当性を検討するに際して以下のことを実施するように要求している。

「　監査人は，経営者による業務プロセスに係る内部統制の評価の妥当性について検討する。監査人は，この検討に当たって，経営者による全社的な内部統制の評価の状況を勘案し，業務プロセスを十分に理解した上で，経営者が統制上の要点を適切に選定しているかを評価しなければならない。

　監査人は，経営者が評価した個々の統制上の要点について，内部統制の基本的要素が適切に機能しているかを判断するため，実在性，網羅性，権利と義務の帰属，評価の妥当性，期間配分の適切性及び表示の妥当性等の監査要点に適合した監査証拠を入手しなければならない。

　なお，業務プロセスにおける内部統制の基本的要素が機能しているかどうかを判断するに当たっては，内部統制の整備及び運用状況（ITへの対応を含む。）についても十分に検討しなければならない。」（内部統制基準Ⅲ・3（4））

　業務プロセスに係る内部統制の評価に際して経営者が評価の対象としたの
は，統制上の要点たる内部統制であった。それゆえ，経営者による評価の妥当
性の検討をその任務とする監査人にとって，経営者による統制上の要点の選定
の適切性を評価することが肝要となる。

　経営者が統制上の要点を評価するに当たっては，特定の勘定残高，取引種類
及び開示事項に係る実在性，網羅性，権利と義務の帰属，評価の妥当性，期間
配分の適切性及び表示の妥当性は，適切な財務情報を作成するための要件とみ
なされる。経営者は，統制上の要点がこれらの要件を確保する合理的な保証を
提供できているかを判断することを通じて，統制上の要点において内部統制の
基本的要素が適切に機能しているかどうかを評価する。

　これに対して監査人は，経営者が評価した個々の統制上の要点について，監
査人の立場から内部統制の基本的要素が機能しているかどうかを評価しなけれ
ばならない。その際の判断基準となるのは，経営者による評価の場合と同様
に，特定の勘定残高，取引種類及び開示事項に係る実在性等の適切な財務情報
を作成するための要件であるが，監査人の立場からすると，これらは，上記の
規定によれば，監査証拠によって立証すべき監査要点であるとみなされてい
る。

　そうすると，業務プロセスに係る内部統制の評価の妥当性の検討は，経営者
による評価の妥当性を検討することが本旨であるものの，そのためには業務プ
ロセスに係る内部統制の有効性それ自体をまず監査人が評価しなければならな
いこと[33]になる。上記規定のなお書以下は，こういった事情を反映している
ものと考えられる。

（2）業務プロセスに係る内部統制の整備状況の評価の妥当性の検討

　監査人は，業務プロセスに係る内部統制の整備状況の有効性に関する経営者
の評価の妥当性を検討しなければならない。そのために，監査人は，自ら業務
プロセスに係る内部統制の整備状況を理解し検討する必要がある。その際，以

下で示すように，経営者による内部統制の整備状況に関する記録を検討の手がかりとすることが想定されている。業務プロセスに係る内部統制の整備状況を理解するために，評価対象となった業務プロセスについて，例えば，監査人は以下の手続を実施する。

「　監査人は，評価対象となった業務プロセスに係る内部統制の整備状況を理解しなければならない。そのため，監査人は，経営者の内部統制の整備状況に関する「Ⅱ　財務報告に係る内部統制の評価及び報告」3.(7)①ハ.ニ.ホ.ヘ.に記載の記録[34]を入手するとともに，評価対象となった業務プロセスについて，例えば，以下の手続を実施する。

a.　入手した内部統制の整備状況に関する記録の閲覧や経営者及び適切な管理者又は担当者に対する質問等により，評価対象となった業務プロセスにおいて，取引がどのように開始，承認，記録，処理及び報告されるかを含めて，取引の流れを把握する。また，取引の発生から集計，記帳といった会計処理の過程を理解する。記録の閲覧や質問等では，内部統制の整備状況について理解することが困難である場合には，監査人は必要に応じ，業務プロセスの現場に赴いて観察することにより，当該業務プロセスにおいて実施されている手続の適否等を確認する。

b.　監査人が内部統制の整備状況に関する理解を確実なものとする上では，評価対象となった業務プロセスごとに，代表的な取引を1つあるいは複数選んで，取引の開始から取引記録が財務諸表に計上されるまでの流れを「Ⅱ　財務報告に係る内部統制の評価及び報告」3．(7)①ハ.ニ.ホ.ヘ.に記載の内部統制の記録等により追跡する手続を実施することが有用であることに留意する。

　また，監査人は，内部統制の適切な管理者及び担当者が内部統制の整備に関し，必要な権限，能力を有しているかにも留意する。」(内部統制実施基準Ⅲ・4（2）①イ)

　監査人は，まず，評価対象となった業務プロセスについて，そこにおける取引の流れ，当該取引に対する会計処理の過程を理解・把握する。その際，監査人が実施する監査手続は，ここで例示されているウォークスルーの手続を含めて，財務諸表監査のリスク評価手続の一環として行われる内部統制の理解において実施されるそれと同様である[35]。

　以上の手続の実施を踏まえて，経営者による業務プロセスに係る内部統制の整備状況の評価に関して以下の手続を行う。

「c.　入手した内部統制の整備状況に関する記録の閲覧や経営者及び適切な管理者又は担当者に対する質問等により，経営者が財務報告の重要な事項に虚偽記載の発生するリスクをどのように識別したのかを把握する。

　d.　入手した内部統制の整備状況に関する記録の閲覧や経営者及び適切な管理者又は担当者に対する質問等により，経営者が虚偽記載の発生するリスクを低減するために中心的な役割を果たす内部統制（統制上の要点）をどのように識別したかを把握する。

　e.　監査人は上記 d. の内部統制（統制上の要点）が既定の方針に従って運用された場合に，財務報告の重要な事項に虚偽記載が発生するリスクを十分に低減できるものとなっているかを検討する。その際，実在性，網羅性，権利と義務の帰属，評価の妥当性，期間配分の適切性，表示の妥当性といった適切な財務情報を作成するための要件を確保する合理的な保証を提供できるものとなっているかにより判断する。監査人は，この判断を基に，内部統制の整備状況の有効性に関する経営者の評価の妥当性を検証する。

　　上記の内部統制の整備状況に関して，監査人は，財務諸表監査の実施過程において，一定の監査証拠を入手しているのが一般的と考えられ，その場合には，その利用が可能であることに留意する。」（内部統制実施基準 III・4（2）①イ）

　監査人が業務プロセスに係る内部統制の評価の妥当性を検討するに当たって最も肝要な過程は，上記規定に言う「経営者が財務報告の重要な事項に虚偽記載の発生するリスクをどのように識別したのかを把握する」と「経営者が虚偽記載の発生するリスクを低減するために中心的な役割を果たす内部統制（統制上の要点）をどのように識別したかを把握する。」の２つである。なぜなら，経営者による業務プロセスに係る内部統制の評価の妥当性は，ここに言う虚偽記載の発生するリスクとそれに対応する統制上の要点の識別の適否に大きく依存しているからである。もちろん，監査人自身も，監査人の観点から，評価の対象となった業務プロセスにおける虚偽記載の発生するリスクと，当該リスクに対する統制上の要点を識別している。それゆえ，ここでは，経営者によるこれらリスク及び統制上の要点の識別と監査人のそれとの照合がなされることになる。

　また，整備状況の有効性を評価する段階であるため，選定された統制上の要点が「仮に」既定の方針に従って運用された場合に，財務報告の重要な事項に虚偽記載が発生するリスクを十分に低減できるものとなっているかを，監査人は検討することになる。その検討において判断の基礎となるのは，当該統制上の要点が実在性等の適切な財務情報を作成するための要件を確保する合理的な保証を提供できているか，ということである。これは，経営者による整備状況の有効性の評価に際して用いられる論理と全く同じである。もちろん，ここでは，監査人の立場からその判断がなされることになる。

　最後に，内部統制の整備状況に関しては，財務諸表監査の実施過程により一定の監査証拠が得られているとの指摘がなされている。この点に関しては後述する。

（３）業務プロセスに係る内部統制の運用状況の評価の妥当性の検討

　続いて，業務プロセスに係る内部統制のうち，整備状況の有効性が確かめられたものについて，経営者による内部統制の運用状況の評価の妥当性の検討が

行われる。運用状況の有効性の検討は，内部統制がデザインどおりに適切に運用されているかどうか及び統制を実施する担当者等が当該統制を有効に実施するのに必要な権限と能力等を有しているかどうかを把握することである（82号・149）とされる。

　業務プロセスに係る内部統制の運用状況の検討に際して，監査人は以下の事項を実施することが求められている。

　「a. 運用状況の検討内容及び実施

　　監査人は，評価対象となった業務プロセスに係る内部統制の運用状況を理解しなければならない。そのため，監査人は，経営者の内部統制の運用状況に関する「Ⅱ 財務報告に係る内部統制の評価」3.（7）に記載の内部統制の記録を入手し，関連文書の閲覧，適切な管理者又は担当者に対する質問等により，内部統制の実施状況（自己点検の状況を含む。）を検証する。

　　また，記録の閲覧や質問等では検証が困難な場合には，業務の観察や，必要に応じて適切な管理者又は担当者に再度手続を実施させることによって検証する。

　　以上の手続については，基本的に，監査人自らが選択したサンプルを用いた試査により適切な証拠を入手する方法で行われる。」（内部統制実施基準Ⅲ・4（2）①ロ）

　上記の規定では，評価対象となった業務プロセスに係る内部統制の運用状況を理解することが監査人に求められている。ところが，実際上，ここにおいて監査人が実施する手続は，財務諸表監査の運用評価手続で実施する手続と同様である[36]。したがって，監査人は，自身の立場から，評価対象となった業務プロセスに係る内部統制の運用状況の有効性を評価していることになる。そして，自らの評価結果と経営者の評価結果を照らし合わせることで，経営者による評価の妥当性を検討するのである。

IV　監査対象・監査手続・監査目的の観点からみた両監査の関係性

　財務諸表監査の内部統制の評価は，リスク評価手続における内部統制の理解（内部統制のデザインと業務への適用の評価）とリスク対応手続における内部統制の運用評価手続の2段階で実施される。監査人は，前者において内部統制の整備状況を，後者において内部統制の運用状況をそれぞれ評価する。

　他方，内部統制監査における経営者による業務プロセスに係る内部統制の評価の妥当性の検討は，業務プロセスに係る内部統制の，整備状況の評価の妥当性の検討と運用状況の評価の妥当性の検討の2段階で実施される。

　ここでは，前節までの分析・整理を基礎に，監査対象・監査手続・監査目的の3つの観点から，財務諸表監査における内部統制の評価と内部統制監査における業務プロセスに係る内部統制の評価の妥当性の検討の関係性を探ることにしたい[37]。

1　監査対象の同質性

（1）財務諸表監査において監査対象となる内部統制

　財務諸表監査のリスク評価手続の段階において，監査人は，内部統制を含む，企業及び企業環境を理解する過程を通じて識別した虚偽表示リスクがアサーション・レベルでどのような虚偽表示になり得るのかを関連付けるよう求められる。また，監査人は，リスク対応手続として運用評価手続の実施を予定している場合，当該虚偽表示リスクに関連する内部統制を考慮するよう求められる。そして，当該虚偽表示リスクに関連する内部統制のうちで，内部統制のデザインの評価により，デザインが有効である，つまり関連するアサーションに係る重要な虚偽表示を有効に防止又は発見・是正できると判断された内部統制について，続いてその業務への適用が評価され，業務で利用されているかどうか確認される。

　運用評価手続の対象となる内部統制は，以上のプロセスを経て，整備状況の

観点から「アサーション・レベルの重要な虚偽表示を防止又は発見・是正する内部統制」として認められたものを指すのである。つまり，運用評価手続は，アサーション・レベルの重要な虚偽表示を防止又は発見・是正するために適切にデザインされ，業務に適用されていると監査人が判断する内部統制に対してのみ実施される。このように，財務諸表監査の内部統制の評価において監査対象となる内部統制は，アサーション・レベルの重要な虚偽表示を防止又は発見・是正する内部統制である。

（2）内部統制監査において監査対象となる内部統制

　他方，内部統制監査では，監査人は，経営者による業務プロセスに係る内部統制の評価の妥当性を検討する。ダイレクト・レポーティングを採用していない我が国の内部統制報告制度では，経営者が業務プロセスに係る内部統制の有効性を自ら評価し，その評価結果の妥当性を監査人が検討する。

　業務プロセスに係る内部統制の評価に際して，経営者が評価の対象とするのは，統制上の要点たる内部統制である。統制上の要点は，財務報告の信頼性に重要な影響を及ぼす内部統制であり，財務報告の重要な事項に虚偽記載が発生するリスクを低減する上で中心的な役割を果たす内部統制である。内部統制基準及び内部統制実施基準では，適切な財務情報を作成するための要件が満たされない可能性が，虚偽記載の発生するリスクと解釈されている。そして，統制上の要点について，内部統制が適切に機能し，適切な財務情報を作成するための要件を確保する合理的な保証を提供しているか判断することを通じて，財務報告に係る内部統制について基本的要素が機能しているかを判断する。経営者は，この統制上の要点たる内部統制について，その整備状況と運用状況の有効性を評価する。

　ここにおいて，適切な財務情報を作成するための要件として挙げられている，「実在性，網羅性，権利と義務の帰属，評価の妥当性，期間配分の適切性，表示の妥当性」は，財務諸表監査におけるアサーションに相当する。業務プロセスに係る内部統制の評価では，適切な財務情報を作成するための要件（＝ア

サーション）の１つあるいはそれ以上が満たされていないとき，虚偽記載が生じているものと解釈する。そして，統制上の要点たる内部統制は，これらの適切な財務情報を作成するための要件を確保する（つまり，アサーションを成立させる）合理的な保証を提供するものとされている。そうすると，経営者による業務プロセスに係る内部統制の評価に際して，その焦点ともいえる統制上の要点たる内部統制は，財務諸表監査において監査人による評価の対象となるアサーション・レベルの重要な虚偽表示を防止又は発見・是正する内部統制に相当することがわかる。

　監査人は，経営者による業務プロセスに係る内部統制の評価の妥当性を検討する。そのために，監査人は，経営者による統制上の要点の選定の適切性を評価した上で，当該統制上の要点たる内部統制について，監査人の立場から，その整備状況と運用状況を評価する。それゆえ，内部統制監査において，監査人が経営者による評価の妥当性を検討するために評価する内部統制もまた，アサーション・レベルの重要な虚偽表示を防止又は発見・是正する内部統制ということになる。

　（3）小　括
　以上，まとめると，財務諸表監査において監査人が評価の対象とする内部統制と，内部統制監査の業務プロセスに係る内部統制の評価の妥当性の検討に際して監査人が評価の対象とする内部統制は，その性質が合致するということになる。つまり，両監査において監査人がその整備状況と運用状況を評価する対象は，アサーション・レベルの重要な虚偽表示を防止又は発見・是正する役割ないし機能を担う内部統制なのである[38]。

2　監査手続の類似性
　（1）財務諸表監査の内部統制の評価における監査手続
　財務諸表監査のリスク評価手続において，内部統制の整備状況の評価として，内部統制のデザインと業務への適用の評価が行われる。内部統制のデザイ

ンと業務への適用についての監査証拠を入手するために実施される監査手続には，企業の担当者への質問，特定の内部統制の適用状況の観察，文書や報告書の閲覧，財務報告に関連する情報システムを介した取引のウォークスルーがある。

　続いて，財務諸表監査のリスク対応手続において，運用評価手続として実施される内部統制の運用状況の評価では，内部統制の整備状況の評価で用いられる質問・観察・閲覧に加えて，内部統制の再実施が監査手続として実施される。

（2）内部統制監査の業務プロセスに係る内部統制の評価の妥当性の検討における監査手続

　他方，内部統制監査において，経営者による業務プロセスに係る内部統制の整備状況の評価の妥当性を検討するに際して，監査人は自ら業務プロセスに係る内部統制の整備状況を理解し検討する必要がある。そのため，監査人は，まず，評価対象となった業務プロセスについて，そこにおける取引の流れ，当該取引に対する会計処理の過程を理解・把握する。その際，監査人は，財務諸表監査における内部統制の整備状況の評価の場合と同様に，ウォークスルーの手続を実施する。また，評価対象となった業務プロセスにおいて，経営者が財務報告の重要な事項において虚偽記載が発生するリスクとそれを低減する内部統制（統制上の要点）をどのように識別したかを把握するため，監査人は，入手した内部統制の整備状況の記録の閲覧や経営者及び適切な担当者への質問，業務プロセスの現場での観察等の監査手続を実施する。これらの監査手続についても，財務諸表監査の内部統制の整備状況の評価に際して監査人が実施する手続と大きく異なるところはないものと考えられる。

　また，内部統制監査において，経営者による業務プロセスに係る内部統制の運用状況の評価の妥当性を検討するに際して，監査人は自ら業務プロセスに係る内部統制の運用状況を理解し検討する必要がある。そのため，監査人は，経営者の内部統制の運用状況に関する記録を入手し，関連文書の閲覧，適切な管

理者又は担当者に対する質問等により，内部統制の実施状況（自己点検の状況を含む）を検証する。また，記録の閲覧や質問等では検証が困難な場合には，業務の観察や，必要に応じて適切な管理者又は担当者に再度手続を実施させることによって検証する。以上の監査手続に関して，財務諸表監査の内部統制の運用状況の評価において実施される監査手続（運用評価手続）と大差がないと思われる。

（3）小　括

ここでの検討から，財務諸表監査の内部統制の評価に際して監査人が用いる監査手続と，内部統制監査の業務プロセスに係る内部統制の評価の妥当性を検討する際に監査人が利用する監査手続は，類似しており，大きく異なるところがないことが理解されたものと考えられる。あえて両者の間で異なるところを指摘するとすれば，内部統制監査の場合，ダイレクト・レポーティングを採用せず，経営者による内部統制の評価結果を監査対象とするところから，経営者による内部統制の整備状況及び運用状況に関する記録を閲覧することが少なくともその出発点ないし起点となるが，財務諸表監査の場合は必ずしもそれに左右されない，という点であろう。もちろん，内部統制監査における監査人の監査手続が，経営者による内部統制に関する記録の閲覧に止まるわけではない。

3　監査目的の連続性

（1）財務諸表監査における内部統制の評価の目的

財務諸表監査における内部統制の評価は，いかなる目的をもって実施されるのか。リスク評価手続における内部統制の整備状況の評価と，リスク対応手続における内部統制の運用状況の評価に分けて，あらためてこのことを確認することとしたい。

① 内部統制の整備状況の評価の目的

　リスク評価手続は，重要な虚偽表示リスクを識別し評価することを目的に実施される監査手続である。そして，リスク評価手続のなかにあって内部統制の整備状況の評価は，重要な虚偽表示リスクを構成するリスクのうちの統制リスクの識別と評価に関連性をもつ。内部統制の整備状況の評価は，内部統制のデザインと業務への適用の評価として実施される。ここにおいて評価の対象となる内部統制は，リスク対応手続において運用評価手続の実施を予定している内部統制である。整備状況の評価においては，当該内部統制について，デザインが有効であるか，つまり，関連するアサーション・レベルの重要な虚偽表示を有効に防止又は発見・是正できるかをいわば静態的に判断する。そして，デザインが有効であると判断された場合のみ，引き続いてその業務への適用が評価される。

　以上の手続の結果，関連するアサーションについて統制リスクが評価され，それを踏まえて関連するアサーションに係る重要な虚偽表示リスクが評価される。もっとも，リスク評価手続の段階での重要な虚偽表示のリスクの評価は，暫定的な評価にすぎない。というのも，重要な虚偽表示リスクの評価の基礎となる統制リスクの評価が，内部統制のデザインと業務への適用の評価といった，内部統制の静態的側面の評価であるからである。以上，約言すれば，リスク評価手続における内部統制の整備状況の評価は，関連するアサーションに係る重要な虚偽表示リスクを暫定的に評価することにその目的がある。また，手続面から言えば，リスク対応手続において運用評価手続の対象となる内部統制を選定することがその目的と言える。

② 内部統制の運用状況の評価の目的

　リスク対応手続は，監査リスクを許容可能な低い水準に抑えるために，識別し評価したアサーション・レベルの重要な虚偽表示リスクに対応して，立案し実施する監査手続をいう。リスク対応手続のなかにあって，運用評価手続は，アサーション・レベルの重要な虚偽表示を防止又は発見・是正する内部統制に

ついて，その運用状況の有効性を評価するために立案し実施する監査手続をい
う。運用評価手続の対象となる内部統制は，リスク評価手続における内部統制
のデザインと業務への適用の評価を経て，アサーション・レベルの重要な虚偽
表示を防止又は発見・是正すると想定される内部統制である。有効な内部統制
に依拠するやり方で実証手続の種類，時期及び範囲を決定するためには，ア
サーションに関連する内部統制の運用状況の有効性に関する十分かつ適切な監
査証拠を，運用評価手続によって入手しなければならないのである。リスク対
応手続において運用評価手続を実施し，内部統制の運用状況を評価する目的は
ここにあるのである。

　運用評価手続によって入手した内部統制のいわば動態的な側面の証拠に基づい
て，リスク評価手続に際して下した統制リスクの暫定的な評価，それゆえア
サーション・レベルの重要な虚偽表示リスクの暫定的な評価の妥当性が検証さ
れることになる。仮に，運用評価手続の結果，依拠しようとする内部統制から
の予想を超える逸脱を監査人が発見した場合，アサーション・レベルの重要な
虚偽表示リスクの評価の修正を余儀なくされる可能性がある。また，実証手続
によって関連するアサーションに重要な虚偽表示の存在することが明らかに
なった場合にも，当該アサーションに係る重要な虚偽表示リスクの評価を修正
する必要性が生じる。結局のところ，すべての監査業務が終了するまでは，重
要な虚偽表示リスクの評価は確定しないということになる。

（2）内部統制監査における業務プロセスに係る内部統制の評価の妥当性の
　　検討の目的

　監査人は，経営者による業務プロセスに係る内部統制の評価の妥当性を検討
しなければならない。経営者が行った業務プロセスに係る内部統制の整備状況
及び運用状況の評価の妥当性について結論を下すことが，ここでの監査目的と
なる。もっとも，経営者による評価の妥当性について結論を下すためには，実
際上，監査人が，業務プロセスに係る内部統制の整備状況及び運用状況の有効
性それ自体について，自ら評価しなければならない。それゆえ，業務プロセス

に係る内部統制の整備状況及び運用状況の有効性を評価することが，いわば下位目的として存在するものと言える。

① 業務プロセスに係る内部統制の整備状況の評価の目的

　業務プロセスに係る内部統制の整備状況を評価するに当たって，監査人は，評価対象となった業務プロセスに関する分析の結果を基礎に，当該プロセスで虚偽記載が発生するリスクとこれを低減するために中心的な役割を果たす内部統制を識別する。この虚偽記載の発生するリスクを低減するために中心的な役割を果たす内部統制が統制上の要点たる内部統制である。監査人は，個々の重要な勘定科目に関係する個々の統制上の要点が適切に整備され，実在性等の適切な財務情報を作成するための要件を確保する合理的な保証を提供できているかを判断する。このように，業務プロセスに係る内部統制の整備状況の評価では，統制上の要点たる内部統制を識別すること，当該統制上の要点たる内部統制が適切な財務情報を作成するための要件を確保する合理的な保証を提供できているかを判断することが，監査人にとって目的となる。

② 業務プロセスに係る内部統制の運用状況の評価の目的

　これに続く，業務プロセスに係る内部統制の運用状況の評価では，内部統制がデザインどおりに適切に運用されているかどうか及び統制を実施する担当者等が当該統制を有効に実施するのに必要な権限と能力等を有しているかどうかが検証される。そして，ここにおける監査人による内部統制の運用状況の有効性の評価と経営者のそれとを照合する。業務プロセスに係る内部統制の運用状況の評価では，この照合の結果として経営者による業務プロセスに係る内部統制の評価の妥当性について結論を下すことが，監査人の最終的な目的となる。

（3）監査目的の間の関係性

　財務諸表監査における内部統制の有効性の評価は，実証手続の種類，時期及び範囲の決定に際して，どの程度，内部統制に依拠できるかについての監査人

の判断を支える監査証拠をもたらす。財務諸表監査では，内部統制の有効性を評価すること，有効性に関して結論を導き出すこと自体が最終的な目的ではない。

　あくまでも，財務諸表に存在する可能性のある重要な虚偽表示を発見することが目的である。また，内部統制の評価だけでは，アサーション・レベルの重要な虚偽表示リスクに関する十分かつ適切な監査証拠を入手することはできない。つまり，内部統制の評価だけでは，識別し評価した重要な虚偽表示リスクが要求される監査リスクの水準にまで抑えられているかどうかを判断することはできない。それゆえ，重要な勘定科目については，必ず実証手続を実施しなければならない。そして，実証手続の結果として，内部統制に関連するアサーションに重要な虚偽表示が存在することが判明した場合，統制リスクの評価，ひいては重要な虚偽表示リスクの評価を修正しなければならない可能性が生じる。このように，財務諸表監査では，内部統制の有効性の評価は，監査の終了時点まで確定しない暫定的な性格を帯びている。

　これに対して，経営者による業務プロセスに係る内部統制の評価の妥当性を検討すること，そのため，監査人自らが内部統制の有効性を評価することは，それ自体，内部統制監査の目的に直結する。つまり，内部統制の有効性を評価すること，それに関して結論を出すこと自体が目的なのであって，評価結果を基に実証手続の種類，時期及び範囲を決定することが目的ではない。また，当然とはいえ，評価対象となった内部統制に関連するアサーションに存在する可能性のある重要な虚偽表示を発見することを目的にしているのではない。このように，内部統制監査においては，監査人は内部統制の有効性について一定の結論を下す必要がある。

　そうすると，財務諸表監査における内部統制の評価と，内部統制監査における業務プロセスに係る内部統制の評価の妥当性の検討は，目的を異にしており，相互に何ら関係性がないようにも思われる。しかし，両監査における内部統制の評価の目的は相互に連結している，つまり連続性を帯びているのである。

　それは，次のような意味においてである。先ほど述べたように，両監査ともに，アサーション・レベルの重要な虚偽表示を防止又は発見・是正する機能ないし役割を担う内部統制を評価の対象としている。内部統制の整備状況及び運用状況を評価するために実施する監査手続は相互に類似している。それゆえ，内部統制監査における内部統制の評価方法や結果を，財務諸表監査の内部統制の有効性の評価に活用することができる。また，反対に，財務諸表監査における内部統制の評価方法や結果を，内部統制監査の内部統制の有効性の評価に活用することができるのである。

　特に，内部統制監査における内部統制の評価は，経営者による内部統制評価の記録を手掛かりにしており，これまでの財務諸表監査では入手できない証拠に基づいている。この点が，財務諸表監査が内部統制監査の監査証拠を活用できる可能性を切り開いていると考えられる[39]。このように，内部統制監査の目的を達成するために行う監査手続やその結果が，財務諸表監査の内部統制評価の目的に対して役立ちをもつのである。

　他方，財務諸表監査で得られた監査証拠が内部統制監査において活用される可能性がある。先ほど述べたように，財務諸表監査における運用評価手続の結果，依拠しようとする内部統制からの予想を超える逸脱を監査人が発見した場合，アサーション・レベルの重要な虚偽表示リスクの評価の修正を余儀なくされる可能性がある。また，実証手続によって関連するアサーションに重要な虚偽表示の存在することが明らかになった場合にも，当該アサーションに係る重要な虚偽表示リスクの評価を修正する必要性が生じる。これらの結果は，以降の実証手続の種類，時期及び範囲に係る監査人の判断に影響を及ぼす。一方で，それは，一体監査の下では，内部統制監査における内部統制の有効性の評価にも，当然に影響を及ぼす。このように，財務諸表監査の内部統制の評価の目的の達成に役立つ監査手続（運用評価手続及び実証手続）が，内部統制監査の目的の達成に影響を及ぼすのである。

　以上，見てきたように，財務諸表監査における内部統制の評価が指向する目的と内部統制監査における内部統制の評価が掲げる目的はお互いに連結してい

るのであり，両監査の目的の間に連続性をみてとることができるのである。

V　むすび

　本章は，内部統制監査については経営者による業務プロセスに係る内部統制の評価の妥当性の検討の段階を，財務諸表監査については内部統制の有効性の評価を，それぞれ検討対象として措定した上で，内部統制監査と財務諸表監査の関係性を，各々の監査対象・監査手続・監査目的の観点から明らかにしてきた。今一度，その結果を整理すると以下の通りである。

　監査対象については，財務諸表監査において監査人が評価の対象とする内部統制と，内部統制監査の業務プロセスに係る内部統制の評価の妥当性の検討に際して監査人が評価の対象とする内部統制は，その性質が合致することを明らかとした。つまり，両監査において監査人がその整備状況と運用状況を評価する対象は，アサーション・レベルの重要な虚偽表示を防止又は発見・是正する機能ないし役割を担う内部統制であることを，その論拠を示した上で明らかにした。

　監査手続に関しては，財務諸表監査の内部統制の評価に際して監査人が用いる監査手続と，内部統制監査の業務プロセスに係る内部統制の評価の妥当性を検討する際に監査人が利用する監査手続は，相互に類似しており，大きく異なるところがないことを確認した。すなわち，両監査とも，内部統制の整備状況の評価では質問・観察・閲覧，そしてウォークスルーといった監査手続を利用し，内部統制の運用状況の評価ではこれらの監査手続に加えて，企業が内部統制の一環として実施している手続又は内部統制を監査人自らが実施することによって確かめる手続である再実施が利用される。あえて，両監査の間で異なるところを指摘するとすれば，内部統制監査の場合，ダイレクト・レポーティングを採用せず，経営者による内部統制の評価結果を監査対象としているところから，経営者による内部統制の整備状況及び運用状況の記録を閲覧することが少なくともその出発点ないし起点となるが，財務諸表監査の場合は必ずしもそ

れに左右されない，という点であろう。もちろん，内部統制監査における監査
人の監査手続が，経営者による内部統制に関する記録の閲覧に止まるわけでは
ない。

　最後に，監査目的については，両監査の目的が相互に連結している，すなわ
ち連続性を帯びていることを指摘した。上で述べたように，両監査ともに，ア
サーション・レベルの重要な虚偽表示を防止又は発見・是正する機能ないし役
割を担う内部統制を評価の対象とし，また，評価対象である内部統制の整備状
況及び運用状況を評価するための監査手続は類似している。それゆえ，内部統
制監査における内部統制の有効性の評価方法や結果を財務諸表監査の内部統制
の有効性の評価に活用することができる。また，当然とはいえ，その逆のこと
も言える。

　特に，内部統制監査における内部統制の評価は，経営者による内部統制評価
の記録を手掛かりにしており，これまでの財務諸表監査では入手できない監査
証拠を財務諸表監査にもたらしてくれる。内部統制監査の目的を達成するため
に行う監査手続が財務諸表監査の内部統制の有効性評価の目的に資することに
なる。

　他方，財務諸表監査の運用評価手続を通して入手された監査証拠は，財務諸
表監査において関連する特定のアサーションに係る重要な虚偽表示リスクを評
価するために利用されるとともに，内部統制監査における業務プロセスに係る
内部統制の評価に関わる監査証拠としても役立つ。また，財務諸表監査の実証
手続の結果得られた監査証拠は，関連する特定のアサーションに係る重要な虚
偽表示リスクの評価の修正を促すが，それは結果として内部統制監査における
業務プロセスに係る内部統制の評価に影響を及ぼす。このように，財務諸表監
査の内部統制の評価の目的の達成に役立つ監査手続が，内部統制監査の目的の
達成に影響を及ぼす。

　以上，約言すれば，財務諸表監査における内部統制の評価が指向する目的と
内部統制監査における内部統制評価が掲げる目的は相互に結びついているので
あり，両監査の目的の間に連続性をみてとることができるのである。

【注】

1）本章での内部統制監査における業務プロセスに係る内部統制の評価の妥当性に関する検
討に係る議論は，主として，「内部統制基準」と「内部統制実施基準」を対象にしている。
「内部統制基準」Ⅲ・1 を参照のこと。

2）内部統制監査における全社的な内部統制の評価の妥当性の検討の段階と財務諸表監査に
おける内部統制の評価との関係性については，「第5章　内部統制監査の実効性確保のた
めの方策」で論じている。

3）後述するように，内部統制の整備状況の評価は，内部統制のデザインと業務への適用の
評価という形で実施される。

4）本節では，内部統制の整備状況の評価に関しては監査基準委員会報告書315「企業及び
企業環境の理解を通じた重要な虚偽表示リスクの識別と評価」（日本公認会計士協会監査
基準委員会［2019b］。以下，「監基報315」という）を，内部統制の運用状況の評価に関
しては監査基準委員会報告書330「評価したリスクに対応する監査人の手続」（日本公認会
計士協会監査基準委員会［2019c］。以下，「監基報330」という）を，各々分析の対象とす
る。

5）アサーションとは，「経営者が財務諸表において明示的か否かにかかわらず提示するもの
をいい，監査人は発生する可能性のある虚偽表示の種類を考慮する際にこれを利用する。」
（監査基準委員会報告書（序）「監査基準委員会報告書の体系及び用語」（日本公認会計士
協会監査基準委員会［2016］。以下「監基報（序）」という）・3）。アサーションに関して
は，監基報315に説明がある。後の議論との関係で，その一部についてここで紹介する
（期末の勘定残高及び関連する注記事項に係るアサーションの例（A124 (2)）。「実在性」
＝「資産，負債及び純資産が実際に存在すること」，「権利と義務の帰属」＝「企業は資産
の権利を保有又は支配していること。また，負債は企業の義務であること」，「網羅性」＝
「記録すべき資産，負債及び純資産が全て記録されていること並びに財務諸表に関連する
注記事項が全て含まれていること」）。

6）ここにおける「理解」の意味するところについては後に詳述する。

7）例えば，統制環境に関する事項として，経営者の財務報告に対する考え方は，多くのア
サーションに潜在的な影響を及ぼすと考えられる。

8）アサーション・レベルの重要な虚偽表示リスクに関する監査人の評価は，監査実施中に
入手した他の監査証拠により変更されることがある（監基報315・30）。その意味で，監査
人の重要な虚偽表示リスクの評価は，監査業務が終了するまで暫定的な性格を有するもの
と言える。財務諸表監査における重要な虚偽表示リスクの評価が「暫定的評価」であるこ

とについては，上田［2017］において明快な形で説明がなされている。

9）リスク評価手続に関連して監査人に監査調書への記載が要求される事項については，監基報315・31を参照されたい。

10）アサーション・レベルにおいて，重要な虚偽表示リスクは固有リスクと統制リスクの2つの要素で構成されている。監基報200によれば，固有リスクとは「関連する内部統制が存在していないとの仮定の上で，取引種類，勘定残高及び注記事項に係るアサーションに，個別に又は他の虚偽表示と集計すると重要となる虚偽表示が行われる可能性」をいい，統制リスクとは「取引種類，勘定残高及び注記事項に係るアサーションで発生し，個別に又は他の虚偽表示と集計すると重要となる虚偽表示が，企業の内部統制によって防止又は適時に発見・是正されないリスク」（監基報200・12（10）①，②）をいう。

11）「事業上のリスク」とは，「企業目的の達成や戦略の遂行に悪影響を及ぼし得る重大な状況，事象，環境及び行動の有無に起因するリスク，又は不適切な企業目的及び戦略の設定に起因するリスク」（監基報315・3（2））を言う。

12）ここにおける目的とは，「内部統制を含む，企業及び企業環境の理解を通じて，不正か誤謬かを問わず，財務諸表全体レベルの重要な虚偽表示リスクと，アサーション・レベルの重要な虚偽表示リスクを識別し評価すること」（監基報315・2）である。

13）ここに言う「財務報告に係る内部統制」が何を指すかについて，監基報315には特に説明等はない。しかし，これが監基報315の措定する3つの企業目的のうちの「企業の財務報告の信頼性の確保」を達成するために整備及び運用される内部統制であると考えて良いものと思われる。ただし，そうであったとしても，監基報315が想定する「財務報告」の範囲については，必ずしも明らかではない。

14）監基報315は，内部統制の構成要素の1つである統制活動に関連して，「監査に関連する統制活動とは，アサーション・レベルで重要な虚偽表示リスクを評価し，リスク対応手続を立案するために理解が必要と判断したものである。」（監基報315・19）と説明している。また，監査に関連する統制活動の例として，「特別な検討を必要とするリスクに関連する統制活動」や「実証手続のみでは十分かつ適切な監査証拠を入手できないリスクに関連する統制活動」を挙げている（監基報315・A95）。

15）監基報315の規定（A46）の解釈としては以上の理解が当を得たものであると考える。しかしながら，リスク評価手続において「理解」が要求される内部統制には，内部統制の構成要素のうちの統制環境（例えば，経営者の誠実性や倫理観，経営理念や経営方針等）も含まれるはずである。統制環境に関する監査人の「理解」は，財務諸表全体レベルの重要な虚偽表示リスクの評価とそれに応じた全般的な対応につながる。監基報315では明定されていないが，リスク評価手続における内部統制の「理解」の目的と役立ちに，これら

リスク評価と対応を含めるべきものと考える。

16）監基報 315・A65。ただし，記号は，説明の便宜上引用者が付したものである。

17）監基報 315 以前に財務諸表監査におけるリスク評価手続を規制していた監査基準委員会報告書第 29 号「企業及び企業環境の理解並びに重要な虚偽表示のリスクの評価」（日本公認会計士協会監査基準委員会［2006］。以下「29 号」という）は，監査に関連する内部統制について，「通常，監査に関連する内部統制は，一般に公正妥当と認められる企業会計の基準に準拠して，外部報告用の財務諸表の信頼性を確保する目的及び財務諸表に重要な虚偽の表示を生じさせる可能性のあるリスクの管理に関係している。」（29 号・45）と説明していた。なお，監基報 315 は，「監査に関連する内部統制」について明確な形で定義をしていない。

18）ここにおける「内部統制のデザインと業務への適用」は，『監査基準』（企業会計審議会［2020］）に言う「内部統制の整備状況」（第三・二・2）に相当するものと考えられる。つまり，ここに言う「デザイン」とは，経理規程を含む各種の業務管理規程が存在し，整備されていることを指すものと考えられる。ただし，経理規程等が文書等で存在していたとしても，それが評価対象期間にわたり継続して実際に適用されているとは限らない。そのため，内部統制の運用状況の評価（運用評価手続）が必要となる。

19）監基報 315・A70。なお，ウォークスルーとは，「財務報告目的の情報システムにおいて，取引の開始から財務諸表に反映されるまでを追跡すること」（監基報（序）・12）をいう。

20）後述するように，識別した虚偽表示リスクに関連する内部統制を考慮する必要があるのは，リスク対応手続において当該内部統制について運用評価手続の実施を予定している場合である。

21）評価した財務諸表全体レベルの重要な虚偽表示リスクに対しては，監査人は全般的な対応を立案し実施しなければならない（監基報 330・4）。なお，先述したように内部統制の構成要素のうちの統制環境に関する理解は，財務諸表全体レベルの重要な虚偽表示リスクの評価に影響を及ぼす。ただし，本章では，内部統制監査における業務プロセスに係る内部統制の評価の妥当性との間の関係性を探る観点から，アサーション・レベルの重要な虚偽表示リスクに議論の焦点を絞っている。

22）運用評価手続とともにリスク対応手続を構成する実証手続は，アサーション・レベルの重要な虚偽表示を看過しないよう立案し実施する手続をいい，詳細テストと分析的実証手続の 2 つで構成される（監基報 330・3（2））。なお，運用評価手続と実証手続との間の関係については後述する。

23）監基報 315・25（3）を参照のこと。識別した虚偽表示リスクに関連する内部統制を考慮

する必要があるのは，当該内部統制に対して運用評価手続の実施を予定している場合である。

24）関連する内部統制を考慮しない場合，当該内部統制に係る統制リスクは「1」と評価される。これに対して関連する内部統制を考慮する場合，当該内部統制に係る統制リスクは「1未満」で評価されることになる。それゆえ，関連する内部統制を考慮する場合，考慮しない場合と比較して（固有リスクが同じであるとして）重要な虚偽表示リスクは相対的に低く評価されることになる。なお，統制リスクが実際に計量化されるかどうかに関わらず，この種の議論は成立する。

25）監基報330以前において監査人のリスク対応手続を規制していた監査基準委員会報告書第30号「評価したリスクに対応した監査人の手続」（日本公認会計士協会監査基準委員会［2007］。以下「30号」という）は，内部統制のデザイン及び業務への適用の評価では利用されないが，運用評価手続では利用される監査手続として，再実施を挙げている（30号の28を参照）。なお，再実施とは，「企業が内部統制の一環として実施している手続又は内部統制を監査人自らが実施することによって確かめる手続をいう。」（監基報（序）・104）とされる。

26）監基報330（A40）は，「…，予想した内部統制の逸脱率と比較した場合，実際の内部統制の逸脱率によっては，監査人が評価したアサーション・レベルのリスクを軽減するための内部統制に依拠できないことを示すことがある。」としている。

27）リスク評価手続は，運用評価手続として特に立案されていなくとも，内部統制の運用状況の有効性に関する監査証拠を提供し，結果として運用評価手続となる場合がある（監基報330・A21）。

28）内部統制のデザインと業務への適用を評価することを意味する。

29）業務プロセスで発生することから，監基報315及び監基報330にいう虚偽表示と同義であると考えている。

30）つまり，運用評価手続の対象となる内部統制である。

31）上述の統制上の要点の選定過程を指す。

32）監査・保証実務委員会報告第82号「財務報告に係る内部統制の監査に関する実務上の取扱い」（日本公認会計士協会監査・保証実務委員会［2020］。以下「82号」という）・141。

33）統制上の要点について内部統制の基本的要素が適切に機能しているかどうか，監査人自らが評価することを指す。

34）具体的に言うと，以下のような事項である。「ハ．重要な勘定科目や開示項目に関連する業務プロセスの概要（各業務プロセスにおけるシステムに関する流れやITに関する業務処理統制の概要，使用されているシステムの一覧などを含む。）」，「二．各業務プロセスに

おいて重要な虚偽記載が発生するリスクとそれを低減する内部統制の内容（実在性，網羅性，権利と義務の帰属，評価の妥当性，期間配分の適切性，表示の妥当性との関係を含む。また，ITを利用した内部統制の内容を含む。）」，「ホ．上記ニ．に係る内部統制の整備及び運用の状況」，「ヘ．財務報告に係る内部統制の有効性の評価手続及びその評価結果並びに発見した不備及びその是正措置・評価計画に関する記録・評価範囲の決定に関する記録（評価の範囲に関する決定方法及び根拠等を含む。）・実施した内部統制の評価の手順及び評価結果，是正措置等に係る記録」。

35) ただし，経営者による内部統制の整備状況の記録を手掛かりにする点は，実践上はともかくも，制度面から判断すると，内部統制監査に固有のものと言える。また，内部統制の適切な管理者及び担当者が内部統制の整備に関して必要な権限，能力を有しているかに留意する点については，監基報315では明定されていないものの，財務諸表監査のリスク評価手続における内部統制の理解に際して監査人に同様のことが求められるものと考える。

36) ただし，経営者による内部統制の運用状況の記録を閲覧する点，検証する内部統制の実施状況に内部統制の自己点検の状況が含まれる点は，少なくとも制度上，財務諸表監査の内部統制の評価では要求されておらず，内部統制監査に固有のものと考えられる。

37) 内部統制監査と財務諸表監査の関係性を真正面から取り上げた論稿は，筆者の調べた限り，それほど多くはない。ここでは，3つの研究を簡単に紹介する。松本［2007］は，財務諸表監査の観点から内部統制監査を見た場合，内部統制監査と財務諸表監査とが一体的に実施される趣旨は「内部統制監査が財務諸表監査と一体的に実施されることによって，財務報告に係る内部統制の有効性が高まり，そこから創出される財務諸表の生来的・事前的な信頼性が向上する。この内部統制の有効性向上により，従来の財務諸表監査上，内部統制評価に当てられていた監査手続をより難度の高い監査対象に振り向けることができ，監査の直接的な効果を向上させることができる」（74頁）ところにあるとする。また長吉［2013］は，財務諸表監査と内部統制監査との異同に焦点を当て，内部統制監査と財務諸表監査における取引記録の監査手続は，同じく内部統制の運用状況を検証する監査であるものの，両者は相違するという。すなわち，財務諸表監査における取引記録の監査手続が「監査人が，財務諸表項目の監査に際して実施する監査手続の種類，その実施の時期，及び試査の範囲等を決定するために，取引記録の信頼性に関する心証を得る目的で実施する監査であって，それ自体で独自で財務諸表項目の適正性を立証する監査でない」（48頁）のに対して，内部統制監査の目的は「財務計算に関する書類その他の情報の適正性を確保するために，経営者が自社の内部統制の有効性を評価した内部統制報告書の適正性を立証することであって，取引記録の信頼性を評価することではない」（51頁）とし，これが両者の相違する最大の点であるとする。他方，山田［2015］は，内部統制監査と財務諸表監

査との関係性について次のように説明する。「内部統制監査は，本来，企業の財務報告プロセスのアウトプットである財務諸表に対する直接的な保証である財務諸表監査に，当該財務諸表を生成するプロセスである財務報告に係る内部統制に対する保証を加えることによって，企業の財務報告に対する信頼性を補強するように制度設計されたものと考えることができる。外部監査人としては，内部統制監査で得た企業のプロセスに関する理解と内部統制の有効性に関する証拠を財務諸表監査にも利用することができるため，財務諸表監査の有効性と効率性を高めることにつながる。すなわち，内部統制監査は財務諸表監査を支援する関係にある。」(106 〜 107 頁)

38) 財務諸表監査でその有効性を評価する対象である内部統制と，内部統制監査の業務プロセスに係る内部統制の評価の妥当性の検討に際して評価の対象とする内部統制が全く合致するというわけではない。例えば，内部統制報告制度において経営者が評価対象としなかった業務プロセスに係る内部統制について，財務諸表監査において監査人がそれを有効性評価の対象とすることがある。ここで，「同質性」という言葉は，両監査が評価の対象とする内部統制がその機能ないし役割の面で同様の性質を持つとの意味で用いている。

39) 内部統制監査に係る実務指針である 82 号は，財務諸表監査と内部統制監査が一体監査として実施されることで，「重要な事業拠点（本年度の評価対象とされていない重要な事業拠点を除く。）については，経営者が実施した財務報告に係る内部統制の評価の結果に対して内部統制監査が行われることから，内部統制に対する記録の充実が期待でき，内部統制に対する監査手続の深度が深まる。」(82 号・37 (3) ③) との見解を示している。これは，両監査が一体監査として実施されることを前提に，内部統制監査の実施に伴い被監査会社側での内部統制の記録が充実し，そのことが財務諸表監査の内部統制の評価に係る監査手続の深度を深めることにつながるとの意味であると思われる。

―――― 第 4 章 ――――

アメリカ内部統制監査における
究極的要証命題の立証構造

I　はじめに

　周知のとおり，アメリカで実施されている内部統制監査は，いわゆるダイレクト・レポーティングという方式を採用している。つまり，我が国の場合とは異なり，内部統制監査において，監査人は，財務報告に係る内部統制[1]の有効性それ自体に関して意見を表明する。

　財務諸表監査の場合，監査人が最終的に立証しなければならない，いわば究極的要証命題とされるものは，「財務諸表が，一般に公正妥当と認められる企業会計の基準に準拠して，企業の財政状態，経営成績及びキャッシュ・フローの状況をすべての重要な点において適正に表示している。」という命題である。そして，このいわゆる適正性命題を直接あるいは一度で立証可能な監査証拠は存在しないため，監査人は，当該命題を監査証拠によって直接立証可能な下位命題ないし個別命題へとブレイクダウンすることが求められている[2]。

　それでは，内部統制監査の場合の究極的要証命題とは何か。また，そこからブレイクダウンすることにより得られる下位命題とは何か。そして，それらはいかなる方法で立証されるのか。本章は，アメリカの内部統制監査において監査人が最終的に立証しなければならない究極的要証命題がいかなる命題であるかを確認・整理したうえで，その究極的要証命題の立証構造の解明を目指すものである。そして，その結果を踏まえて，アメリカの内部統制監査における究極的要証命題の立証構造の特徴が，我が国の内部統制監査に対して有するインプリケーションについて，若干の私見を述べる。

これも周知のとおり，アメリカの内部統制監査は，パブリック・セクターたる公開会社会計監視委員会（Public Company Accounting Oversight Board. 以下「PCAOB」という）が設定公表する監査基準に準拠して実施される。本章は，アメリカの内部統制監査を規制するため PCAOB が公表している監査基準第5号「財務諸表監査と統合された財務報告に係る内部統制監査」（Auditing Standard No.5, *An Audit of Internal Control over Financial Reporting That is Integrated with An Audit of Financial Statements*. 以下「AS5号」という）をその主な検討対象としている。

II　内部統制監査における究極的要証命題

1　内部統制監査の目的と監査人の責任

　アメリカの財務報告に係る内部統制の監査における監査人の目的は，会社（company）の財務報告に係る内部統制の有効性に対する意見を表明することにある[3]。会社の内部統制は1つでも重要な欠陥（material weakness）が存在すると有効であるとみなすことができないため，意見表明の基礎を形成するために，監査人は，経営者による評価で明示された時点で重要な欠陥が存在するかどうかについて合理的な保証を得るのに十分で適切な証拠を入手するよう，監査を計画し実施しなければならない[4]。

　これらの規定に呼応する形で，内部統制監査報告書における要記載事項として，「監査人の責任は，自らの監査に基づいて会社の財務報告に係る内部統制に対して意見を表明することにある旨」，また「PCAOB 基準は，財務報告に係る有効な内部統制がすべての重要な点において維持されていたかどうかに関する合理的な保証を得るために，監査人が監査を計画し実施することを求めている旨」が定められている[5]。

　我が国とは異なりダイレクト・レポーティングを採用しているアメリカでは，監査人による意見表明の対象は，財務報告に係る内部統制の有効性それ自体であり，財務報告に係る内部統制の有効性に対する経営者の評価結果ではない。また，財務報告に係る内部統制に1つでも重要な欠陥が存在すると，財務

報告に係る内部統制は全体として有効であると判断できない。そこで監査人は，経営者による評価の時点，すなわち決算日時点[6]で財務報告に係る内部統制に重要な欠陥が存在するかどうかについて合理的な保証が得られるよう，監査を計画し実施しなければならないことになる。

　ここにおいて，財務報告に係る内部統制に重要な欠陥が存在するかどうかについての保証が「絶対的な保証」ではなく「合理的な保証」であるのは，次の2つの理由による。1つは，内部統制監査が財務諸表監査と同様に試査を基礎として実施されるためである。いま1つは，内部統制監査の対象である内部統制それ自体に固有の限界が存在するためである。後者に関しては，内部統制監査報告書における要記載事項として，「固有の限界のため，財務報告に係る内部統制が虚偽表示を防止又は発見できないことがある旨」[7]が規定されていることからも，そのことがみてとれる。

　また，内部統制監査においても，財務諸表監査の場合と同様に，監査計画の策定から監査意見の表明に至るまで，重要性の判断が監査人に求められる。すなわち，監査人は，「財務報告に係る内部統制に重要な欠陥が存在するかどうか」，「財務報告に係る有効な内部統制がすべての重要な点において維持されていたかどうか」に関して合理的な保証が得られるように監査を計画し実施しなければならず，最終的な財務報告に係る内部統制の有効性に対する監査意見の表明に際しても重要性の判断が求められることになる[8]。

2　究極的要証命題

　それでは，財務諸表監査における適正性命題に相当する，内部統制監査の場合の究極的要証命題とは何か。つまり，内部統制監査において監査人は最終的にいかなる命題を立証しなければならないのか。この点についても，AS5号が規定する内部統制監査報告書における要記載事項からその答えを得ることが可能である。AS5号は，内部統制監査報告書における要記載事項として，「統制規準（control criteria）に基づき，会社が特定日現在において財務報告に係る有効な内部統制をすべての重要な点において維持していたかどうかに関する監

査人の意見」を記載するよう求めている[9]。ここにおける「特定日 (the specified date)」は，決算日を指している[10]。したがって，内部統制監査における究極的要証命題は「会社は決算日において統制規準に基づき財務報告に係る有効な内部統制をすべての重要な点において維持していた。」という命題となる。

　ここでまず留意しなければならないことは，監査人は一定の統制規準に基づいて財務報告に係る内部統制の有効性を判断するということである[11]。この統制規準は，財務諸表監査における「一般に公正妥当と認められる企業会計の基準」に相当する[12]。一定の判断規準が存在しなければ，監査人は内部統制の有効性を客観的に判断することはできない。また，この統制規準は，内部統制監査を巡る利害関係者によって妥当な規準であると認められたものでなければならない。留意しなければならない2点目は，監査人の目的はあくまでも財務報告に係る内部統制全体について意見を表明することにあることである。すなわち，監査人は，選定されテスト対象となった個々の内部統制の有効性に関する意見を裏付けるために十分な証拠の入手を要求されているわけではない[13]。

III　究極的要証命題の立証構造

1　トップダウン・アプローチ

（1）意　義

　財務諸表監査における適正性命題の場合と同様に，内部統制監査における究極的要証命題「会社は決算日において統制基準に基づき財務報告に係る有効な内部統制をすべての重要な点において維持していた。」を直接あるいは一度に立証できるような監査証拠は存在しない。そこで，当該命題を監査証拠によって直接立証可能な下位命題へと何らかの方法によりブレイクダウンさせる必要がある。AS5号がそのために用意したアプローチがトップダウン・アプローチ（top-down approach）である。トップダウン・アプローチは，内部統制監査において監査人がテストすべき内部統制を選定する際の方法である。監査人はこ

れを利用することを義務づけられている¹⁴⁾。

　AS5 号は，このトップダウン・アプローチについて次のように説明する。AS5 号が指向する内部統制監査の肝要となる過程を描写した重要な規定であるため，少し長くなるが引用する¹⁵⁾。

　「監査人は，テストすべき内部統制を選定するために財務報告に係る内部統制監査に対してトップダウン・アプローチを用いなければならない。トップダウン・アプローチは財務諸表レベルで，財務報告に係る内部統制に対する全体的なリスクに関する監査人の理解をもってはじまる。監査人は，次に事業体レベルの内部統制に焦点を合わせ，そして，重要な勘定及び開示並びに関連するアサーションへと進んでいく。本アプローチは，監査人の注意を財務諸表及び関連する開示に係る重要な虚偽表示の合理的な可能性を示す勘定，開示及びアサーションへと向けさせる。監査人は，続いて，会社のプロセスに存在するリスクに関する自らの理解を確かめ，関連するアサーションの各々について評価された虚偽表示のリスクに十分に対応する内部統制を，テストの対象として選定する。」

　トップダウン・アプローチは，財務諸表全体レベルで，かつ財務報告に係る内部統制の全体的なリスクに関する監査人の理解から始まる。ただし，この「財務報告に係る内部統制の全体的なリスク」（the overall risks to internal control over financial reporting）の例示や，それらを識別するための具体的な指針は AS5 号には存在せず，事業体レベルの内部統制を識別することから内部統制監査のプロセスに関する具体的な規定がはじまる。

（2）事業体レベルの内部統制の識別と評価

　監査人は，会社が有効な財務報告に係る内部統制を維持しているかどうかに関する結論にとって重要な事業体レベルの内部統制をテストしなければならない¹⁶⁾。事業体レベルの内部統制（entity-level control）に関する厳密な定義づけは

AS5 号ではなされていない。しかし，事業体レベルの内部統制には「統制環境に関連する内部統制」・「経営者による内部統制の無効化に対する内部統制」・「会社のリスク評価プロセス」・「シェアードサービス環境を含む中央集権的な処理及び内部統制」・「経営成績を監視するための内部統制」・「内部監査機能，監査委員会及び自己評価プログラムの活動を含む，他の内部統制を監視するための内部統制」・「期末財務報告プロセスに係る内部統制」・「重要なビジネス・コントロール及びリスクマネジメント実務に対応する内部統制」が含まれるとされる[17]。

① ３つのカテゴリー

AS5 号は，上で挙げた事業体レベルの内部統制をその性質及び虚偽表示の防止又は発見に係る精度の観点から３つのカテゴリーに分類している[18]。

第１のカテゴリーは，財務諸表における虚偽表示が防止又は適時に発見される可能性に対して重要ではあるが，間接的な影響しか与えないとされる内部統制であり，統制環境に関係する内部統制がこれに相当する。このタイプの内部統制は，監査人がテスト対象として選定するその他の内部統制，また監査人がその他の内部統制に対して実施する手続の内容，時期及び範囲に影響を及ぼすことがある。

第２のカテゴリーは，他の内部統制の有効性を監視する内部統制である。このタイプの内部統制はより低いレベルにある内部統制の潜在的な機能不全を識別するために設計されているが，それ自体，関連するアサーションに対する虚偽表示が防止又は適時に発見されるリスクに係る評価に十分に対応するレベルでの精度をもたない。このタイプの内部統制は，有効に運用されれば，監査人がその他の内部統制に対するテストを減らすことができることがある。

第３のカテゴリーは，１つ以上の関連するアサーションに対する虚偽表示を十分に防止又は適時に発見する精度で設計された内部統制である。仮に，ある事業体レベルの内部統制が虚偽表示のリスクに係る評価に十分に対応するものであるならば，監査人は当該リスクに関連する追加的な内部統制をテストする

必要がない。

　AS5号は，事業体レベルの内部統制のうちで，統制環境と期末財務報告プロセスの2つに関してのみ規定を設けている。以下，これら2つのタイプの内部統制に関して監査人が実施しなければならないことについて，AS5号の規定をみていくことにする。

　② 統制環境

　有効な財務報告に係る内部統制にとって重要であるため，監査人は会社の統制環境を評価しなければならない。統制環境の評価の一環として，監査人は以下のことについて評価しなければならない [19]。

　・経営者の哲学及び行動様式が有効な財務報告に係る内部統制を促進しているかどうか。
　・特に経営トップの誠実性と倫理的価値観が醸成され，理解されているか。
　・取締役会又は監査委員会が財務報告及び内部統制に対する監視責任を理解し，履行しているかどうか。

　③ 期末財務報告プロセス

　期末財務報告プロセスは，財務報告にとって，また財務報告に係る内部統制及び財務諸表に対する監査人の意見にとって重要であるため，監査人は期末財務報告プロセスを評価しなければならない。期末財務報告プロセスには，以下の手続が含まれる [20]。

　・取引合計（transaction totals）を総勘定元帳に転記するために用いられる手続
　・会計方針の選択及び適用に関連する手続
　・総勘定元帳の仕訳記帳を開始，承認，記録そして処理するために用いられる手続
　・年次及び四半期財務諸表に対する反復的及び非反復的修正を記録するた

　　めに用いられる手続
　　・年次及び四半期財務諸表並びに関連する開示を作成するための手続

　また，監査人は，期末財務報告プロセスの評価の一環として，次のことに関
して評価しなければならない[21]。

　　・会社が年次及び四半期財務諸表を作成するために用いるプロセスに対す
　　　るインプット，実施された手続及びアウトプット
　　・期末財務報告プロセスに対する情報技術（「IT」）の関与度
　　・経営陣のうちの誰が関与しているか
　　・期末財務報告プロセスに関与する事業所（locations）
　　・修正及び連結仕訳（adjusting and consolidating entries）の種類，並びに
　　・期末財務報告プロセスに対する経営者，取締役会及び監査委員会による
　　　監視の内容及び範囲

（3）重要な勘定及び開示並びに関連するアサーションの識別
　監査人は，次に上記の事業体レベルの内部統制に関する評価の結果を踏ま
え，重要な勘定及び開示並びに関連するアサーションを識別しなければならな
い[22]。ここにおける「関連するアサーション」（relevant assertion）とは，財務
諸表における重要な虚偽表示をもたらす原因となる虚偽表示又は複数の虚偽表
示が含まれる合理的な可能性（reasonable possibility）のある財務諸表上のアサー
ションをいう[23]。財務諸表上のアサーションには以下のものが含まれる[24]。

　　・実在性又は発生
　　・網羅性
　　・評価又は配分
　　・権利と義務
　　・表示と開示

　また，監査人は，重要な勘定及び開示並びに関連するアサーションを識別するために，財務諸表の個別項目（line items）及び開示に関連する質的及び量的なリスク要因を評価しなければならない。重要な勘定及び開示並びに関連するアサーションの識別に関連するリスク要因には以下の要因が含まれる [25]。

- ・勘定の金額的な大きさ及びその構成
- ・誤謬又は不正により虚偽表示がなされる可能性
- ・勘定により処理される又は開示に反映される個々の取引の発生量，複雑性及び同質性
- ・勘定又は開示の性質（nature of account or disclosure）
- ・勘定又は開示に関連する会計上及び財務報告上の複雑性
- ・勘定における損失のリスク（Exposure to losses in the account）
- ・勘定又は開示に反映されている活動から生じる重要な偶発債務の可能性
- ・勘定における関連当事者間取引の存在，並びに
- ・勘定又は開示の特徴の過年度からの変化

　なお，重要な勘定及び開示並びに関連するアサーションを識別する際に監査人が評価すべきリスク要因は，財務諸表監査の場合と財務報告に係る内部統制の監査の場合とで同じである。したがって，重要な勘定及び開示並びに関連するアサーションは両監査で同じであることになる [26]。

（4）発生する可能性がある虚偽表示の原因に関する理解

　さらに，監査人は，重要な勘定及び開示並びに関連するアサーションの識別の一環として，財務諸表に重要な虚偽表示をもたらす可能性のある潜在的な虚偽表示の原因を特定しなければならない [27]。財務諸表に重要な虚偽表示をもたらす可能性のある潜在的な虚偽表示の原因を理解するために，また，テストすべき内部統制の選定の一環として，監査人は以下の目標を達成しなければならない [28]。

- ・関連するアサーションに関わる取引の流れについて，それらがどのよう

に開始，承認，処理及び記録されるかを含めて理解すること
・会社のプロセスにおいて，不正に起因する虚偽表示も含めて，個別にあるいは他の虚偽表示と組み合わせて重要となる虚偽表示が発生するポイントを，自ら識別していることを確認すること
・経営者がこれらの潜在的な虚偽表示に対応するために導入している内部統制を識別すること，そして
・結果として財務諸表の重要な虚偽表示をもたらすことになる，会社資産の未承認の取得，利用又は処分の防止又は適時の発見に対して経営者が導入した内部統制を識別すること

（5）ウォークスルーの実施

　AS5号は，上記の目標を達成するうえで，ウォークスルーがしばしば最も有効な方法であると主張している。ウォークスルーを実施する際に，監査人は，会社の担当者が利用しているものと同じ文書や情報技術（IT）を用いて，取引を開始から，情報システムを含む会社のプロセスを通じてそれが財務記録に反映されるまで追跡する。ウォークスルーの手続には，通常，質問，観察，関連文書の閲覧及び統制手続の再実施が含まれる[29]。

　AS5号は，さらに，ウォークスルーを実施することの効果について，やや詳しく次のように説明している[30]。ウォークスルーを実施する際，重要な処理手続（processing procedures）が生じるポイントで，監査人は，会社の規定する手続及び内部統制によって何が要求されているかについて，会社の担当者の理解を問う。こういった綿密な調査（probing question）は，その他のウォークスルー手続と組み合わせることで，監査人が当該処理手続に関して十分な理解を得ること，必要な内部統制が欠落している又は有効に整備されていない重要なポイントを識別することが可能となる。

（6）テストすべき内部統制の選定

　監査人は，関連するアサーションの各々について評価した虚偽表示のリスク

に会社の内部統制が十分に対応しているかどうか，の結論にとって重要な内部統制をテストしなければならない[31]。

　特定の関連するアサーションに対して評価した虚偽表示のリスクに対応する内部統制が２つ以上存在するかもしれない。逆に１つの内部統制が２つ以上の関連するアサーションの評価した虚偽表示のリスクに対応するかもしれない。ただし，監査人は，１つの関連するアサーションに関係するすべての内部統制をテストする必要はなく，また，重複する内部統制は，重複していること自体が統制目標でない限り，それをテストする必要はない[32]。

　また，ある内部統制がテストのために選定されるべきかどうかに関する意思決定は，当該内部統制がどのように分類されるかではなく，どの内部統制が個別に又は組み合わせて，特定の関連するアサーションの評価されたリスクに十分に対応しているかどうかによる[33]。

2　内部統制のテスト

（1）整備状況の有効性（design effectiveness）のテスト

テストすべき内部統制を選定すると，監査人は次に，まず，選定した内部統制の整備状況の有効性をテストする。監査人は，会社の内部統制が，当該内部統制を有効に実施するために必要な権限と能力をもつ者によって規定されたとおりに運用されたならば，会社の統制目標を達成し，かつ財務諸表に重要な虚偽表示をもたらす可能性のある誤謬又は不正を有効に防止又は発見できるかどうかを判定することで，その整備状況の有効性をテストしなければならない[34]。

　監査人が整備状況の有効性をテストするために実施する手続は，適切な担当者への質問，会社の業務の観察，及び関連する文書の閲覧を含んでいる。これらの手続を含むウォークスルーは，通常，整備状況の有効性を評価するために十分であるとされる[35]。

（2）運用状況の有効性（operating effectiveness）のテスト

監査人は，選定した内部統制について，引き続いて運用状況の有効性のテス

トを実施する。監査人は，内部統制が設計されたとおりに運用されているかどうか，内部統制を遂行する者が当該内部統制を有効に遂行するために必要な権限と能力を有しているかどうかを判定することにより，内部統制の運用状況の有効性をテストしなければならない[36]。監査人が運用状況の有効性をテストするために実施する手続は，適切な担当者への質問，会社の業務の観察，関連する文書及び内部統制の再実施の組合せを含んでいる[37]。

（3）内部統制に関連するリスクと必要とされる証拠との関係

　ところで，テストのために選定された内部統制の各々について，当該内部統制が有効であると監査人を納得させるために必要な証拠は，当該内部統制に関連するリスクに依存している。そして，ある内部統制に関連するリスクは，当該内部統制が有効でないリスクと，仮に有効でないとすれば結果として重要な欠陥となるリスクで構成されている。テストされる内部統制に関連するリスクが増大するにつれて，監査人が収集すべき証拠もまた増大する[38]。

　監査人は，個々の関連するアサーションに対応する内部統制の有効性について証拠を収集しなければならないが，各々の内部統制毎の有効性に関する意見を支える十分な証拠を収集する責任を負っているわけではない。そうではなく，監査人の目標は，会社の財務報告に係る内部統制全体に対する意見を表明することにある。このようなスタンスをとることで，監査人は，テスト対象として選定した個々の内部統制の有効性に関して収集する証拠を，当該内部統制に関連するリスクに基づいて変更することができる[39]。内部統制に関連するリスクに影響を及ぼす要因には以下のものが含まれる[40]。

- 内部統制が防止又は発見することを意図している虚偽表示の性質と重要性
- 関連する勘定及びアサーションに関係する固有リスク
- 内部統制の整備状況もしくは運用状況の有効性に負の影響を及ぼすことがある，取引の量又は性質に変化があったかどうか
- 勘定に過去において誤謬があったかどうか

・事業体レベルの内部統制，特に他の内部統制を監視する内部統制の有効
性
・内部統制の性質及びそれが運用される頻度
・内部統制が他の内部統制の有効性（例えば，統制環境あるいはIT全般統制）
に依存している程度
・内部統制を実施する，あるいはその実施を監視する担当者の能力，及び
内部統制を実施する，あるいはその実施を監視する鍵となる担当者に変
更があったかどうか
・内部統制が個人による実施に依存しているか，あるいは自動化されてい
るか（自動化されている内部統制は，それに関連するIT全般統制が有効である場
合には，一般にリスクが低いと期待される）
・内部統制の複雑性及びその運用に関して下すべき判断の重要性

3　識別された不備の評価

（1）評価の観点

先述したように，会社の内部統制は1つでも重要な欠陥があると有効である
とみなすことができない。そこで，監査人は，テスト対象とした内部統制の整
備状況及び運用状況のテストの結果，内部統制の不備を識別した場合，当該不
備が重要な欠陥に相当するかを判断しなければならない。すなわち，監査人
は，自らの注意を惹起した内部統制の不備のそれぞれの重大さ（severity）を評
価して，当該不備が個別に又は組み合わせて経営者の評価日現在，重要な欠陥
となるかどうかを決定しなければならない[41]。

AS5号は，識別された不備が重要な欠陥に相当するかの判断において，不
備の重大さを次の2つの観点から評価することを監査人に求めている[42]。

・会社の内部統制が勘定残高又は開示の虚偽表示を防止又は発見できない
合理的な可能性（reasonable possibility）が存在するかどうか
・当該不備又は複数の不備から生じる潜在的な虚偽表示の大きさ

　AS5号が示した内部統制の重要な欠陥（material weakness）の定義も上記の2つの観点を踏まえたものとなっている。すなわち，重要な欠陥とは「会社の年次又は期中財務諸表の重要な虚偽表示が防止又は適時に発見されない合理的な可能性が存在するほどの，財務報告に係る内部統制の不備又は不備の組合せをいう」[43] と定義されている。

　上記の2つの観点のうち，まず，前者の「合理的な可能性」に関しては，不備の重大さは，虚偽表示が実際に発生したかどうかではなく，会社の内部統制が虚偽表示を防止又は発見できない合理的な可能性が存在しているかどうかに依存していること [44] に留意しなければならない。つまり，当該内部統制が関係するプロセスで過去において実際に虚偽表示が発生したかどうかでなく，将来発生するかもしれない虚偽表示を当該内部統制が防止又は発見できない可能性がどの程度あるかによって，監査人は不備の重大さを判断することになる。その意味で，監査人の判断は将来予測の側面を有している。また，不備又は不備の組合せが，結果として勘定残高又は開示における虚偽表示につながる合理的な可能性が存在するかどうかに影響を及ぼすリスク要因として，以下のような要因が例示されている [45]。

　　・財務諸表の勘定，開示及びそれに関係するアサーションの性質
　　・関連する資産又は負債が損失又は不正の影響を受ける可能性
　　・関連する金額を決定するために必要とされる判断の主観性，複雑性又は
　　　その程度
　　・当該内部統制と他の内部統制が相互に依存しているかあるいは重複して
　　　いるかどうかを含めて，それらの間の相互作用あるいは関係性
　　・複数の不備の間の相互作用，及び
　　・当該不備が将来もたらす可能性のある影響

　また，複数の不備の組合せが結果として重要な欠陥に相当するか否かの判断に関しては以下の点に留意する必要がある。同じ財務諸表の勘定又は開示に影響を及ぼす複数の内部統制の不備が，たとえ個別的にみれば重大でない場合で

さえ，虚偽表示の蓋然性を増大させ，組み合わせると重要な欠陥を構成することがある。それゆえ，監査人は，同じ重要な勘定あるいは開示，関連するアサーション，もしくは同じ内部統制の構成要素に影響を及ぼす個々の内部統制の不備がまとまると，結果として重要な欠陥となるかどうかを判断しなければならない[46]。

次に，上述の2つの観点のうち，後者の「虚偽表示の大きさ」に関連して，まずその大きさに影響を及ぼすリスク要因には，

- ・不備の影響を受ける財務諸表上の金額又は取引の合計額，及び
- ・不備の影響を受ける勘定残高又は取引クラスにおいて当年度に発生したあるいは将来年度において発生すると予想される活動量等

が含まれる[47]。

また，監査人は，内部統制の不備又は不備の組合せが重要な欠陥であるかどうか決定するに際して，補完的な内部統制（compensating controls）の効果を評価しなければならない。補完的な内部統制は，それが低減効果を発揮するためには，重要となり得る虚偽表示を防止又は発見する精度で運用されなければならない[48]。

（2）重要な欠陥の指標

AS5号は，財務報告に係る内部統制における重要な欠陥を示す指標として以下のものを例示している[49]。

- ・重要であるか否かを問わず上級経営陣が関与する不正の識別
- ・重要な虚偽表示の訂正を反映するための過年度に公表された財務諸表の修正再表示
- ・重要な虚偽表示が会社の内部統制によって発見されなかったであろうことを示している状況における，当年度の財務諸表の重要な虚偽表示の監査人による指摘，及び，
- ・監査委員会による会社の外部公表財務報告及び財務報告に係る内部統制

の監視が有効でない場合

4　意見形成

　先述したように，内部統制監査において監査人は，会社の財務報告に係る内部統制全体の有効性に対する意見を表明する。換言すれば，監査人は，選定されテスト対象となった個々の内部統制の有効性に対して個別的意見を表明するのではない。ただし，繰り返し述べているように，財務報告に係る内部統制に1つでも重要な欠陥が存在すると，財務報告に係る内部統制は全体として有効ではないとの監査意見が表明されることになる。

　この財務報告に係る内部統制の有効性に関する監査意見は，内部統制監査で得られた監査証拠だけを基礎にするわけではない。財務諸表監査で得られた監査証拠もその基礎を構成する。すなわち，監査人は，監査人による内部統制のテスト，財務諸表監査の過程で発見された虚偽表示，及び識別したあらゆる内部統制の不備を含めて，すべての源泉から得られた証拠を評価することによって，財務報告に係る内部統制の有効性に関する意見を形成しなければならないのである[50]。

Ⅳ　究極的要証命題の立証構造の特徴

　ここでは，まず，これまで説明してきた AS5 号による究極的要証命題の立証の構造を要約する。続いて，その立証構造の特徴について検討する。

1　立証構造の要諦

　AS5 号は，究極的要証命題，すなわち「会社は決算日において統制基準に基づき財務報告に係る有効な内部統制をすべての重要な点において維持していた。」たる命題を立証するに際して，まず，財務諸表全体レベルでかつ財務報告に係る内部統制の全体的なリスクに関する理解を監査人に求める。先述したように，AS5 号は，この「財務報告に係る内部統制の全体的なリスク」の例

や，それらを識別するための具体的な指針を提示しているわけではない。

　続いて，AS5号は，監査人に対して事業体レベルの内部統制を評価するよう求める。AS5号は，事業体レベルの内部統制の評価結果が，テスト対象として選定するその他のタイプの内部統制の内容，あるいはその他の内部統制に対して実施する手続の性質，時期及び範囲に影響を及ぼす可能性があることを強調している。次に，監査人は，事業体レベルの内部統制の評価結果を踏まえ，重要な勘定及び開示並びに関連するアサーションを識別しなければならない。そして，監査人は，関連するアサーションの各々について評価した虚偽表示のリスクに会社の内部統制が十分に対応しているかどうかの結論にとって重要な内部統制を，テスト対象として選定しなければならない。AS5号が言うトップダウン・アプローチとは，以上のようなプロセスを経る，内部統制監査において監査人がテストすべき内部統制を選定する際の方法である。

　次に，監査人は，選定した内部統制に対してその整備状況及び運用状況のテストを実施する。そして，それらテストの結果，内部統制の不備を識別した場合，それぞれの重大さを評価して，当該不備が個別に又は組み合わせて経営者の評価日現在，重要な欠陥となるかどうかを決定しなければならない。その結果，1つでも重要な欠陥に相当する不備が存在すると判断した場合，究極的要証命題は反証されたことになる。反対に，重要な欠陥に相当する内部統制が存在しないと判断した場合，究極的要証命題は立証されたことになる。

　財務諸表監査の場合と同様に，内部統制監査においても究極的要証命題を監査証拠によって直接立証可能な下位命題へとブレイクダウンする必要がある。アメリカの内部統制監査の場合，AS5号の規定から判断すると，下位命題として「テスト対象として選定された内部統制が，関連するアサーションに係る虚偽表示のリスクに十分に対応するべく，有効に維持されている。」という命題が措定されるものと考えられる。ただし，関連するアサーションの定義からして，下位命題が1つでも反証されると，それだけで究極的要証命題は反証されたことになる。

2　立証構造の特徴

　それでは，AS5 号が提示している究極的要証命題の立証構造はいかなる特
徴を有しているのであろうか。ここでは，AS5 号が究極的要証命題の立証に
際してアサーションをベースにしたリスク評価アプローチを採用していること
に着目したい。監査人は，事業体レベルの内部統制に関する評価の結果を踏ま
え，重要な勘定及び開示並びに関連するアサーションを識別しなければならな
い。先述したように，関連するアサーションは，AS5 号の規定する内部統制
監査において極めて重要な位置を占めている。繰返しになるが，関連するア
サーションとは，アサーションのうちで，財務諸表における重要な虚偽表示を
もたらす原因となる虚偽表示又は複数の虚偽表示が含まれる合理的な可能性の
ある財務諸表上のアサーションをいう。この関連するアサーションを識別する
ために，監査人は財務諸表の個別項目及び開示に関連する質的及び量的なリス
ク要因を評価しなければならないが，当該リスク要因は財務諸表監査の場合と
同様であるとされる。したがって，関連するアサーションは内部統制監査の場
合と財務諸表監査の場合とで同じということになる。

　財務諸表監査では，関連するアサーションに含まれる可能性のある虚偽表示
を実証手続により検証することになる。一方で，内部統制監査では，関連する
アサーションの各々について虚偽表示のリスクを評価し，関連するアサーショ
ンについて評価した虚偽表示のリスクに会社の内部統制が十分に対応している
かどうかの結論を下すうえで重要な内部統制を，テストすべき内部統制として
選定しなければならない。繰り返し述べているように，内部統制監査では，財
務報告に係る内部統制の有効性それ自体が監査人の意見表明の対象であり，監
査人は，内部統制に１つでも重要な欠陥が存在すると財務報告に係る内部統制
が全体として有効でないとの意見を表明することになる。したがって，テスト
の対象とすべき内部統制をどうやって選定すべきかが極めて重要となるが，
AS5 号はその選定の基礎に関連するアサーションに係るリスク評価を置いて
いることになる[51]。この点が，アメリカ内部統制監査における究極的要証命
題の立証構造の特徴であると言える。

　テストすべき内部統制を関連するアサーションに係るリスク評価に基づき選定することで，関連するアサーションを通して財務諸表監査と内部統制監査が有機的に結合することになる[52]。また，そもそも内部統制監査の意見表明の対象である財務報告に係る内部統制は，財務諸表の信頼性を支える会社の仕組みである[53]。それゆえ，財務報告に係る内部統制が有効であるか否かは，それが財務諸表におけるアサーションに存在する可能性のある重要な虚偽表示を防止又は発見できるかどうかによって判断されるべきである。したがって，関連するアサーションに係るリスク評価に基づいた，テスト対象とすべき内部統制の選定は，内部統制監査の目的に適うアプローチであると言える。重要なことは，アサーションに重要な虚偽表示が存在する可能性に十分に対応する内部統制が会社の側で適切に整備・運用されているかどうかであり，その意味で，関連するアサーションの識別と，それに対応する内部統制をテスト対象として選定することが，内部統制監査において肝要であると考えられるのである。

V　むすび

　本章は，アメリカの内部統制監査における究極的要証命題の立証構造の特徴について論じてきた。最後に，これまでの議論を基礎にして，アメリカの内部統制監査における究極的要証命題の立証構造の特徴が，我が国の内部統制監査に対してどのようなインプリケーションをもつと言えるのかについて，若干の私見を述べることとしたい。

　前章（第3章）で主張したように，我が国の場合，財務諸表監査の内部統制の評価において監査人が評価の対象とする内部統制と，内部統制監査における業務プロセスに係る内部統制の評価の妥当性の検討に際して監査人が評価の対象とする内部統制は，いずれも，アサーション・レベルの重要な虚偽表示を防止又は発見・是正する内部統制である。両監査ともに，その整備状況及び運用状況の有効性を評価する対象となる内部統制，すなわち，AS5号に言うテストの対象とすべき内部統制は，アサーション・レベルの重要な虚偽表示を防止

又は発見・是正する内部統制なのである。それゆえ，財務諸表監査と内部統制監査は，アサーション・レベルの重要な虚偽表示を防止又は発見・是正する内部統制を通して，相互に結合していると言える。

　ただし，アサーション・レベルの重要な虚偽表示を防止又は発見・是正する内部統制を識別するためには，それ以前に，財務諸表項目ないし開示事項に係るどのアサーションに重要な虚偽表示が発生するリスクがあるのかを識別しなければならない。そうすると，我が国の内部統制監査においても，監査人はAS5 号の言う「関連するアサーション」，つまり「アサーションのうちで，財務諸表における重要な虚偽表示をもたらす原因となる虚偽表示又は複数の虚偽表示が含まれる合理的な可能性のある財務諸表上のアサーション」を識別することが，まず，肝要となると考えられる。また，この「関連するアサーション」は，当然とは言え，財務諸表監査の内部統制の評価に対しても，その焦点となるアサーションとなる。

　もっとも，アメリカの内部統制監査と我が国の内部統制監査とでは，相違点もある。前者がダイレクト・レポーティングを採用し，財務報告に係る内部統制の有効性それ自体について監査人が意見を表明するのに対して，後者はそれを採用せず，経営者による財務報告に係る内部統制の有効性の評価結果を表示する内部統制報告書の適正性について監査人は意見を表明する。たしかに，内部統制報告書の適正性について監査意見を表明するために，監査人は財務報告に係る内部統制の有効性自体を評価する必要がある。

　しかしながら，我が国の内部統制監査は，「インダイレクト・アプローチをとっているため，外部監査人の手続の範囲や時期が経営者の評価の範囲や時期に依存しやすくなる。」（山田［2015］，108 頁）との実務家の指摘もある。もちろん，ダイレクト・レポーティングを採用しているアメリカの内部統制監査の場合は，このような懸念はあてはまらない。そうすると，ダイレクト・レポーティングを採用していない（インダイレクト・アプローチを採用している）我が国の内部統制監査にあっては，アメリカの内部統制監査よりもなお一層，財務諸表監査との有機的な結合 [54) が肝要となる。つまり，財務諸表監査の過程で得ら

れた監査証拠を内部統制監査における監査証拠として活用することが監査人により一層求められるのである。なぜなら，財務諸表監査の場合，内部統制の評価に際して，その範囲や時期の決定は，経営者によるそれとは独立に監査人自身の判断でなされるはずのものであるからである。また，財務諸表監査における実証手続の結果得られた監査証拠を内部統制監査の監査証拠として活用することについても，当然とは言え，それは，経営者による内部統制の評価とは関係なく，監査人の職業専門家としての判断に基づきなされるはずのものであるからである。

【注】

1）財務報告に係る内部統制（Internal control over financial reporting）は，次のように定義されている。「財務報告に係る内部統制は，一般に認められた会計原則に準拠した外部公表目的の財務報告の信頼性及び財務諸表の作成に関する合理的な保証を提供するために，会社の主たる経営責任者及び財務責任者又は同様の機能を果たす者により設計された，あるいはその監視下にあるプロセスであり，かつ，会社の取締役会，経営者及び他の担当者によって実施されるプロセスであり，そして，以下の方針及び手続を含むものである。（1）会社の取引及び資産の処分を合理的な詳細さで正確かつ適正に反映する記録の維持に関係し，（2）取引が一般に認められた会計原則に準拠した財務諸表の作成を可能にするために必要なものとして記録されること，また会社の収入と支出が会社の経営者及び取締役の承認によってのみ実行されることについて合理的な保証を提供し，そして（3）会社の資産について，財務諸表に重要な影響を及ぼす可能性のある未承認の取得，使用又は処分の防止あるいは適時の発見について合理的な保証を提供する。」（PCAOB [2007b]，A5.）

2）ここにおける「ブレイクダウン」は，適正性命題から監査証拠によって直接立証可能な個別命題を演繹的に導出することを意味する。

3）PCAOB [2007a]，par.3.

4）PCAOB [2007a]，par.3. なお，重要な欠陥は次のように定義されている。「重要な欠陥とは，年次又は期中財務諸表の重要な虚偽表示が防止又は適時に発見されない合理的な可能性があるほどの財務報告に係る内部統制の不備又は不備の組合せをいう。」（PCAOB [2007b]，A7）また，内部統制の不備（deficiency）については，「財務報告に係る内部統制に不備が存在するのは，内部統制を整備及び運用しても，会社の経営者ないし担当者が

その割り当てられた職務を遂行する通常の過程で，虚偽表示を防止又は適時に発見できない場合である。・整備上の不備が存在するのは，(a) 統制目標を満足させるために必要な内部統制が欠如している場合，あるいは (b) 既存の内部統制が適切に整備されていないために，たとえ内部統制が設計された通りに運用されたとしても，統制目標が達成されない場合である。・運用上の不備が存在するのは，適切に整備された内部統制が設計通りに運用されていない場合，あるいは当該内部統制を運用する者がそれを有効に実施するために必要な権限又は能力を有していない場合である。」(PCAOB [2007b]，A3.) と説明されている。

5）PCAOB [2007a]，par.85, d, g.

6）経営者による財務報告に係る内部統制の評価が決算日時点の評価であることについては後述する。

7）PCAOB [2007a]，par.85, j. なお，内部統制の「固有の限界」(inherent limitations) について次の説明がある。「財務報告に係る内部統制には固有の限界がある。財務報告に係る内部統制は人間の勤勉さや遵法精神が関係するプロセスであり，判断の誤りや人的ミスから生じる機能停止を免れない。財務報告に係る内部統制は，また，共謀あるいは不適切な経営者による無視によって無効化されることがある。こういった限界があるため重要な虚偽表示が財務報告に係る内部統制によって防止又は適時に発見されないリスクがある。」(PCAOB [2007b]，A5, note.)

8）AS5号 (PCAOB [2007a]，par.20.) は，監査人が内部統制監査の計画段階において，財務諸表監査の計画段階で用いるものと同じ重要性についての考慮事項 (materiality considerations) を用いることを，要求している。

9）PCAOB [2007a]，par.85, k.

10）アメリカ証券取引法規則 (Securities Exchange Act Rules) の Regulation S-K, 17C.F.R (§229.308 (a) (3)) を参照のこと。

11）ここにおける統制規準とは，AS5号のことである。

12）統制規準に基づいて，監査人自らが会社の財務報告に係る内部統制の有効性を評価し，意見を表明する。よって，統制規準たるAS5号は，内部統制監査においては，財務諸表を作成する際に経営者がその拠り所とする「一般に公正妥当と認められる企業会計の基準」に相当する役割を果たすものと考えられる。ここにも，アメリカの内部統制監査がダイレクト・レポーティングを採用していることが反映されている。

13）PCAOB [2007a]，par.46, Note. なお，この点に関しては後述する。

14）我が国の内部統制報告制度に言う「トップダウン型のリスク・アプローチ」は，経営者が財務報告に係る内部統制を評価する際に活用することが求められているものである。そ

れに対して，AS 5 号の言う「トップダウン・アプローチ」は，監査人がテストすべき内部統制を選定する際に利用することが求められているものである。

15) PCAOB［2007a］，par.21. この引用文中にある「財務諸表及び関連する開示」（financial statements and related disclosures）を AS5 5 号は次のように定義する。「財務諸表及び関連する開示とは，一般に認められた会計原則（「GAAP」）に準拠して表示された財務諸表及び財務諸表に対する注記をいう。財務諸表及び関連する開示への言及は，経営者による討議と分析並びに GAAP に基づいた会社の財務諸表及び注記以外で表示された同様の財務情報にまで及ばない。」（PCAOB［2007b］，A4.）これにより，内部統制監査の対象である財務報告に係る内部統制は，財務諸表及び財務諸表に対する注記に関係する内部統制に限定されていることがわかる。なお，「重要な勘定及び開示並びに関連するアサーション」の意味内容については後述する。

16) PCAOB［2007a］，par.22.

17) PCAOB［2007a］，par.24. 例示列挙されている内部統制の多くは，我が国の内部統制報告制度にいう「全社的な内部統制」に相当するものと考えられる。全社的な内部統制とは，「連結ベースでの財務報告全体に重要な影響を及ぼす内部統制」をいう（「財務報告に係る内部統制の評価及び監査の基準」Ⅱ・3 (1)。企業会計審議会［2019］）。また，全社的な内部統制の例（42 項目）が「財務報告に係る内部統制の評価及び監査の実施基準」のⅡの参考 1 に示されている（企業会計審議会［2019］）。なお，事業体レベルの内部統制の例として，「経営者による内部統制の無効化に対する内部統制」が挙げられていることも，アメリカの内部統制監査がダイレクト・レポーティングの形をとっていることと関係がある。上で述べた全社的な内部統制の 42 項目の例には，経営者による内部統制の無効化に対する内部統制はもちろん挙げられていない。経営者自身にそのような内部統制を評価しろと命じても意味がないからである。

18) PCAOB［2007a］，par.23. なお，第 3 のカテゴリーに属する事業体レベルの内部統制であって，関連するアサーションに係る虚偽表示のリスクに十分対応することができ，他の内部統制の追加的なテストを必要としないものについて，特に例示されたものはない。

19) PCAOB［2007a］，par.25.

20) PCAOB［2007a］，par.26.

21) PCAOB［2007a］，par.27.

22) PCAOB［2007a］，par.28.

23) PCAOB［2007b］，A9. これに対して，重要な勘定及び開示（significant account and disclosure）とは，財務諸表に重要な影響を与える虚偽表示又は複数の虚偽表示を含んでいる合理的な可能性がある勘定又は開示を言う（PCAOB［2007b］，A10）。関連するアサー

ションは，AS 5号の規定する内部統制監査のプロセスにおいて，極めて重要な位置を占めている。関連するアサーションは，財務諸表上のアサーションのうちで，監査人の職業的専門家としての判断により，財務諸表における重要な虚偽表示をもたらす原因となる虚偽表示又は複数の虚偽表示が含まれる合理的な可能性のあるアサーションである。なお，アサーションが関連するアサーションであるかどうかの決定は，内部統制の効果を考慮せず，当該アサーションに係る固有リスクの評価に基づくとされる（PCAOB［2007b］，A9）。また，ここにおける「合理的な可能性」とは，「その事象の可能性が，財務会計基準審議会基準書第5号「偶発事象の会計処理」（「FAS第5号」）で用いられる用語でいう，「合理的に起こり得る（reasonable possible）」又は「可能性が高い（probable）場合をいう。」（PCAOB［2007b］，A7, note.）とされる。

24) PCAOB［2007a］，par.28.

25) PCAOB［2007a］，par.29.

26) PCAOB［2007a］，par.31. 重要な勘定及び開示並びに関連するアサーションが両監査で同じになるのは，注15で述べたように，内部統制監査の対象である財務報告に係る内部統制が，財務諸表及び財務諸表に対する注記に関係する内部統制に限定されているためである。ただし，財務諸表監査では，監査人は，重要な勘定及び開示並びに関連するアサーションでないと決定される財務諸表の勘定，開示及びアサーションに対して実証手続を実施することがある（PCAOB［2007a］，par.31, Note.）。

27) PCAOB［2007a］，par.30.

28) PCAOB［2007a］，par.34. また，監査人は，情報技術（IT）が会社の取引の流れにどのように影響を与えるかを理解しなければならない。IT に関わるリスクと内部統制の識別は，トップダウン・アプローチの不可欠な一部であるとされる（PCAOB［2007a］，par.36, Note.）。

29) PCAOB［2007a］，par.37.

30) PCAOB［2007a］，par.38.

31) PCAOB［2007a］，par.39.

32) PCAOB［2007a］，par.40

33) PCAOB［2007a］，par.41. なお，内部統制には，事業体レベルの内部統制，取引レベルの内部統制，統制活動，監視のための内部統制，防止的内部統制，発見的な内部統制等の種類があるとされる（PCAOB［2007a］，par.41. PCAOB［2007b］，A8.）。

34) PCAOB［2007a］，par.42.

35) PCAOB［2007a］，par.43.

36) PCAOB［2007a］，par.44.

37) PCAOB［2007a］, par.45. 運用状況の有効性をテストするために実施する手続の例には，整備状況の有効性をテストするために実施する手続の例には含まれていない内部統制の再実施が含まれている。

38) PCAOB［2007a］, par.46.

39) PCAOB［2007a］, par.46, Note.

40) PCAOB［2007a］, par.47.

41) PCAOB［2007a］, par.62.

42) PCAOB［2007a］, par.63.

43) PCAOB［2007b］, A7. ただし，傍点は引用者による。

44) PCAOB［2007a］, par.64.

45) PCAOB［2007a］, par.65.

46) PCAOB［2007a］, par.65, Note.

47) PCAOB［2007a］, par.66.

48) PCAOB［2007a］, par.68.

49) PCAOB［2007a］, par.69.

50) PCAOB［2007a］, par.71.

51) このことをより精確に説明すれば次のようである。監査人は，テスト対象とする内部統制を選定するに当たって，まず，関連するアサーションを識別しなければならない。この関連するアサーションを識別するために，監査人は，財務諸表の個別項目及び開示に関連する質的及び量的なリスク要因を評価しなければならない。アサーションは，財務諸表の個別項目及び開示において展開されている経営者の主張である。それゆえ，ここに言うリスク要因は，関連するアサーションに係るリスク要因と言える。以上のことから，テスト対象たる内部統制の選定の基礎に，関連するアサーションに係るリスク要因の評価があることになる。

52) 財務諸表監査と内部統制監査が関連するアサーションを通して結合されているとの主張は，Akresh［2010］及び Kinney et al.［2013］においても展開されている。また，これらの論稿については，高原［2015］による紹介と検討がある。

53) 先述したように，AS 5 号の規定する財務報告に係る内部統制は，財務諸表及び財務諸表に対する注記に関係する内部統制に限定されている。したがって，内部統制監査において財務報告に係る内部統制の有効性を監査人が保証することは，間接的に注記事項を含む財務諸表の信頼性を保証していることになる。

54) 本書における「有機的な結合」の意味内容については，第 5 章の注 24 を参照されたい。

第 5 章

内部統制監査の実効性確保のための方策

Ⅰ　はじめに

　本章は，内部統制監査の実効性を確保するための方策を提案するものである。内部統制監査は，ディスクロージャーの信頼性を確保するために，開示企業における財務報告に係る内部統制の有効性に関する経営者の評価に対する公認会計士等による保証を付与することを目的としている[1]。したがって，ここにいう，内部統制監査の「実効性」とは，内部統制監査がその目的を十分に達成していること，すなわち，経営者が作成する内部統制報告書の信頼性を，財務諸表監査と同じ「監査」の水準で保証していることを指す。

　本章では，経営者による全社的な内部統制の評価に対する監査人の検討の実効性を高めることこそが内部統制監査の実効性を高めることにつながること，そしてそのためには，内部統制監査と財務諸表監査を有機的に結合させることが肝要となることを，その論拠を示した上で主張する。

　以下，次節において，まず，内部統制監査の実効性を確保すること，とりわけ内部統制監査のプロセスのなかで経営者による全社的な内部統制の評価に対する監査人の検討の実効性を確保することがなぜ今喫緊の課題となっているのか，その背景について論じることにする。

Ⅱ　問題の背景

1　「会計監査の在り方に関する懇談会」による提言

　2015年10月に金融庁の下に設置された「会計監査の在り方に関する懇談

会」（以下「懇談会」という）は，会計監査をとりまく環境の変化や最近の不正会
計事案の要因等を踏まえ，会計監査の信頼性を確保するために必要な取組みに
ついて，幅広く議論を行い，その成果を「－会計監査の信頼性確保のために－
「会計監査の在り方に関する懇談会」提言」（会計監査の在り方に関する懇談会
[2016]。以下「提言」という）として2016年3月に公表した。「提言」は，会計監
査の信頼性確保に向けて講ずるべき取組みを5つの柱に整理している。その5
番目の柱に「5．高品質な会計監査を実施するための環境の整備」が掲げられ
ており2)，そのうちの「（2）実効的な内部統制の確保」として以下のような
提言がなされている（会計監査の在り方に関する懇談会 [2016]「提言」5 （2））。

「　最近の不正会計事案においては，経営トップの不正によって，当該企
　業の内部統制が機能不全に陥っていたことが指摘されている。我が国の
　内部統制報告制度については，制度実施のためのコスト負担が過大とな
　らないようにするための方策を講じつつ，内部統制の実効性確保に努め
　てきたところである。

　　こうした考え方は引き続き維持されていくべきものと考えるが，例え
　ば経営者の姿勢や取締役会等のガバナンス機能に関して実態を踏まえた
　具体的な評価の実施が徹底できているかなど，内部統制報告制度の運用
　状況については必要な検証を行い，制度運用の実効性確保を図っていく
　べきである。」

　ここで注目すべきことは，内部統制報告制度の運用状況に関して検証が必要
な観点として「経営者の姿勢や取締役会等のガバナンス機能に関して実態を踏
まえた具体的な評価の実施が徹底できているか」を例示している点である。こ
こに言う「経営者の姿勢や取締役会等のガバナンス機能」は，後述するよう
に，全社的な内部統制を構成する事項，特にその基盤となる事項である。した
がって，上記の提言の背景には，内部統制報告制度の運用状況として，全社的

な内部統制に関する経営者の評価が必ずしも実効性のある手続となっていないとの認識があると考えられる。また，「提言」が指摘しているように，最近，経営トップによる内部統制の無効化に起因する不正会計事案が明るみに出ている状況を考慮すれば，経営者による全社的な内部統制の評価に対する監査人の検討の方もまた，実効性のある手続となり得ていないということになる。それゆえ，上記の提言の背景には，内部統制報告制度の運用状況として，全社的な内部統制に関する経営者による評価と当該評価に対する監査人の検討が必ずしも実効性のある手続となり得ていないとの認識があると言える。

2　日本公認会計士協会近畿会によるアンケート結果

　日本公認会計士協会近畿会（以下「近畿会」という）は，度重なる不正会計事件の発生及び上述の懇談会による「提言」を受けて，2016年4月に監査問題特別委員会（以下「特別委員会」）を設置した。特別委員会は，監査に関連する諸問題に関する意識調査を，近畿会を含めて，日本公認会計士京滋会・兵庫会・東海会・北陸会の会員・準会員（約8,300人）を対象に，懇談会による「提言」の項目に沿った形でのアンケート調査として実施した[3]。

　ここでは，本章の議論に関係する範囲で，近畿会によるアンケート調査の結果のうち，内部統制監査制度等に関する結果の概要を紹介する[4]。まず，「現在の内部統制監査制度等について，どのように思うか」という問い（回答数：668）に対して，「制度としては適切であるが，会計不正が防げない事例をみるとその運用に問題があると思う」が26.6％，「会計不正の事例等を見ると，制度として改善すべき点があると考える」が22.8％，「会計不正の事例等を見ると，制度としての有効性に疑問があり，抜本的な見直しが必要である」が23.7％，「費用対効果を考えた場合，継続することに疑問がある」が17.1％という回答割合になった。内部統制監査制度等について，「改善すべき点がある」，「抜本的な見直しが必要である」及び「継続することに疑問がある」の回答割合を合計すると，過半数を大きく超える回答者が，運用面というよりむしろ，現状の内部統制監査制度等そのものに対して否定的な見方をしていること

がわかる。

　次に，「現状の内部統制監査制度等について具体的にどのような問題点があるか」との問い（回答数：664）に対しては，「会社も監査人も前年と同様な手続きを形式的に実施しており，実効性が失われてきている」という選択肢に対して「強くそう思う」と「そう思う」という回答が合わせて81.2％に上った。また，「企業不正を防止する内部統制の中核となる全社統制の評価が十分に行われていない」に関しても，両回答を合わせると57.4％となっている。さらに，「会計不正を防止・発見するという観点から内部統制監査制度等のどの分野で改善が必要だと思うか」との問い（回答数：659，複数回答可）に対しては，過半数の回答を得たのが「全社統制」（53.9％）と「業務プロセス」（50.8％）であった[5]。

　以上のアンケート結果を受けて，特別委員会は，「内部統制報告書及び監査制度については，抜本的な見直しを行うべきである。」との提言をしている[6]。特に全社的な内部統制の評価については，「不正リスク対応の観点からは，全社統制については，現在の形式的な評価では不十分で，自己評価でなく第三者による実質的な評価を行うべきであり，ダイレクトレポーティングについて再検討する必要があると考える。」[7]と結論付けている。

3　監査・保証実務委員会研究報告第32号

　他方，日本公認会計士協会監査・保証実務委員会は，これも先述の「懇談会」による「提言」を受ける形で，2018年4月6日付けで，監査・保証実務委員会研究報告第32号「内部統制報告制度の運用の実効性の確保について」（日本公認会計士協会監査・保証実務委員会［2018］。以下「32号」という）を公表した。この32号は「提言」にある「内部統制報告制度の運用状況については必要な検証を行い，制度運用の実効性確保を図っていくべき」との指摘を踏まえて，内部統制報告制度について所期の目的を達成するような運用が定着しているのかどうかについて検討を行い，その結果を取り纏めたもの（32号前書文）である。

　32号は開示すべき重要な不備の事例分析を通して興味ある検討結果を示している。調査対象事例[8]となった開示すべき重要な不備の半数程度[9]が，有価証券報告書の訂正に伴って報告されていることがその1つである。このことは，過年度における不適切な会計処理が発覚したため，有価証券報告書の訂正報告書を提出することになり，その訂正の原因を踏まえると財務報告に係る内部統制に開示すべき重要な不備があるため，内部統制の評価を改める企業が存在することを示している[10]。また，調査対象事例を分析した結果，大規模企業でも新興企業でも全社的な内部統制の不備を識別しており，業務プロセスないし決算・財務報告プロセスに係る内部統制の不備のみを識別している事例は少ないことがわかったのである[11]。

　以上の結果を総合すると次のような実態が浮かび上がってくるように思われる。当初，財務報告に係る内部統制は有効であるとの評価結果を示す内部統制報告書を公表していた企業が，後の期になって不適切な会計処理が発覚したため有価証券報告書の訂正報告書を提出することとなったが，その訂正報告書を提出することに至った原因が財務報告に係る内部統制に開示すべき重要な不備が存在していたことにあり，しかも，その開示すべき重要な不備が全社的な内部統制に係る不備であった。このような事例が少なからず存在するということである。こういった実態の背景にあることとして，「懇談会」による「提言」から推測できるように，全社的な内部統制に関する経営者の評価と当該評価に対する監査人の検討が実効性のある手続となっていないことが指摘できよう。

III　全社的な内部統制の評価の位置付けとその特徴

1　全社的な内部統制の評価の位置付け

　全社的な内部統制は，「連結ベースでの財務報告全体に重要な影響を及ぼす内部統制」（内部統制基準II・3 (1)）と定義されている[12]。この定義から明らかなように，全社的な内部統制は，企業集団による財務報告の信頼性の確保において重要な役割を果たすことになる。

　それゆえ，全社的な内部統制の評価は，経営者による財務報告に係る内部統制の評価において重要な位置を占める。そのことは，内部統制基準が経営者に対して財務報告に係る内部統制をトップダウン型のリスク・アプローチに基づいて評価するように求めていることにも表れている。つまり，内部統制基準は，「経営者は，内部統制の評価に当たって，連結ベースでの財務報告全体に重要な影響を及ぼす内部統制の評価を行った上で，その結果を踏まえて，業務プロセスに組み込まれ一体となって遂行される内部統制を評価しなければならない。」(内部統制基準Ⅱ・3 (1)。傍点は引用者) と規定している [13]。

　また，内部統制実施基準は，この規定を敷衍させる形で，「経営者は，全社的な内部統制の評価結果を踏まえて，業務プロセスに係る内部統制の評価の範囲，方法等を決定する。例えば，全社的な内部統制の評価結果が有効でない場合には，当該内部統制の影響を受ける業務プロセスに係る内部統制の評価について，評価範囲の拡大や評価手続を追加するなどの措置が必要となる。一方，全社的な内部統制の評価結果が有効である場合については，業務プロセスに係る内部統制の評価に際して，サンプリングの範囲を縮小するなど簡易な評価手続を取り，又は重要性等を勘案し，評価範囲の一部について，一定の複数会計期間ごとに評価の対象とすることが考えられる。」(内部統制実施基準Ⅱ・3 (2) ③) と説明している。さらに，内部統制実施基準は，「全社的な内部統制の不備は，業務プロセスに係る内部統制にも直接又は間接に重要な影響を及ぼし，最終的な財務報告の内容に広範な影響を及ぼすことになる。」(内部統制実施基準Ⅱ・3 (4) ①イ) と指摘している。

　以上のことから，全社的な内部統制の評価は，経営者による財務報告に係る内部統制の評価において，その成否の鍵を握る極めて重要な位置を占めていることがわかる。経営者が全社的な内部統制の有効性の評価を誤ると，業務プロセスに係る内部統制の評価に際して，評価範囲の決定や評価手続の選択に関して適切な判断を行使することができなくなる。結果として，財務報告に係る内部統制の有効性を誤って評価することになりかねない。例えば，全社的な内部統制が有効に機能していないにもかかわらず，これを有効であると判断した場

合，その判断に応じて業務プロセスに係る内部統制の評価において評価範囲を小さくする等，簡易な評価手続を採用することで，業務プロセスに係る内部統制に存在する開示すべき重要な不備を看過することになる可能性が高くなる。その結果，財務報告に係る内部統制が有効でないにもかかわらず，これを有効であるとする誤った評価結果を内部統制報告書で表明する可能性が高まる。

2　全社的な内部統制の評価の特徴

（1）財務報告に係る全社的な内部統制に関する評価項目

　次に，全社的な内部統制の評価に際して経営者に具体的にどのような判断や評価が求められているかを確認することにより，経営者による全社的な内部統制の評価の特徴を浮き彫りにしたい。まず，内部統制基準は，概略的に，「経営者は，全社的な内部統制の整備及び運用状況，並びに，その状況が業務プロセスに係る内部統制に及ぼす影響の程度を評価する。その際，経営者は，①組織の内外で発生するリスク等を十分に評価するとともに，②財務報告全体に重要な影響を及ぼす事項を十分に検討する。例えば，全社的な会計方針及び財務方針，組織の構築及び運用等に関する経営判断，経営レベルにおける意思決定のプロセスがこれに該当する。」（内部統制基準Ⅱ・3 (2)。番号及び下線は引用者による）と規定している。本規定を受けて，内部統制実施基準は「参考1」として，「財務報告に係る全社的な内部統制に関する評価項目の例」（42項目）を掲げている。そのうちで，上記の①及び②に対応すると考えられる評価項目の一部を以下に抜粋して示す[14]。

　①「組織の内外で発生するリスク等を十分に評価する」に対応する評価項目
　▷ 信頼性のある財務報告の作成のため，適切な階層の経営者，管理者を関与させる有効なリスク評価の仕組みが存在しているか。（リスクの評価と対応）
　▷ リスクを識別する作業において，企業の内外の諸要因及び当該要因が信頼性のある財務報告の作成に及ぼす影響が適切に考慮されているか。（リ

スクの評価と対応）

▷ 経営者は，組織の変更や IT の開発など，信頼性のある財務報告の作成に
重要な影響を及ぼす可能性のある変化が発生する都度，リスクを再評価す
る仕組みを設定し，適切な対応を図っているか。（リスクの評価と対応）

② 「財務報告全体に重要な影響を及ぼす事項を十分に検討する」に対応する
評価項目

▷ 経営者は，信頼性のある財務報告を重視し，財務報告に係る内部統制の
役割を含め，財務報告の基本方針を明確に示しているか。（統制環境）

▷ 経営者は，適切な会計処理の原則を選択し，会計上の見積り等を決定す
る際の客観的な実施過程を保持しているか。（統制環境）

▷ 取締役会及び監査役等[15]は，財務報告とその内部統制に関し経営者を適
切に監督・監視する責任を理解し，実行しているか。（統制環境）

　上記の評価項目の例から，経営者による全社的な内部統制に関する評価の特
徴を考察する。経営者は，組織の全ての活動について最終的な責任を有してお
り，その一環として，取締役会が決定した基本方針に基づき内部統制を整備及
び運用する役割と責任がある（内部統制基準 I・4 (1)）。それゆえ，全社的な内
部統制に限らず，経営者による財務報告に係る内部統制の評価は，自らが行っ
た内部統制の整備及び運用に対する評価，すなわち自己評価の性格を有してい
る。

　また，全社的な内部統制の有効性の評価は，例示されている評価項目に鑑み
ると，究極的に言えば，リスク評価の仕組みを設け，リスクを識別・分析・評
価（再評価）し，かつそれに対処する点で，経営者自らの判断や意思決定が財
務報告の信頼性の確保という目的の観点から合理的ないし妥当であったかどう
かに関する評価（自己評価）であると言える。さらに，経営者は，全社的な内
部統制の評価に際して，取締役会の監督機能や監査役等の監視機能の有効性な
いし充分性の評価を求められている。すなわち，内部統制報告制度は，本来経
営者を規律する仕組みであるガバナンスの機能を経営者自身に評価させる建付

けとなっている。

（2）全社的な内部統制における開示すべき重要な不備に関わる判断

　まず，全社的な内部統制の場合に限らず，発見された内部統制の不備について，それが「開示すべき重要な不備に該当するかどうかは，実際に虚偽記載が発生したかどうかではなく，潜在的に重要な虚偽記載の発生を防止又は適時に発見できない可能性がどの程度あるか（潜在性）によって判断される。」(82号・187) とされる。つまり，発見された内部統制の不備に関して，それが開示すべき重要な不備に該当するか否かの判断は，当該内部統制に関連して実際に虚偽記載が発生したかどうかではなく，当該内部統制が潜在的に重要な虚偽記載の発生を防止又は適時に発見できない可能性に基づいてなされるのである。

　次に，開示すべき重要な不備に関わる判断に関連する，全社的な内部統制に固有の論点を指摘したい。内部統制実施基準は，「全社的な内部統制に不備がある場合でも，業務プロセスに係る内部統制が単独で有効に機能することもあり得る。ただし，全社的な内部統制に不備があるという状況は，基本的な内部統制の整備に不備があることを意味しており，全体としての内部統制が有効に機能している可能性は限定されると考えられる。」(内部統制実施基準Ⅱ・3 (4) ①ハ) と説明している。

　まず，本規定の後段（ただし書以下）について，そこで示された思考を敷衍させると，次のようなことに帰結する。つまり，経営者が内部統制報告書において全社的な内部統制に開示すべき重要な不備が存在するとの評価結果を表明することは，自らがそれを整備及び運用する役割と責任を負う内部統制について，局所的ではなく全体として有効に機能していないと宣言することになるのである [16]。また，本規定の前段に関しては，その思考の背景に次のような事情が存在すると考えられる。すなわち，全社的な内部統制における不備あるいは開示すべき重要な不備は，必ずしも特定の財務諸表項目の虚偽記載と関連付けられるわけではないこと，また，全社的な内部統制に不備がある場合でも，特定の業務プロセスに係る内部統制が単独で有効に機能することがある，とい

うことである [17)]。

3　全社的な内部統制の評価が形式的なものとなる理由

　先述したように，先に引用した懇談会による「提言」の背景には，内部統制報告制度の運用状況として，全社的な内部統制に関する経営者の評価が必ずしも実効性のある手続となっていないとの認識がある。また，近畿会によるアンケートにおいても，全社的な内部統制の評価が十分に行われていないと回答する者が過半数を超えていた。そこで，全社的な内部統制の評価が形式的なものとなっており，実効性のある手続となり得ていない理由を，上で検討した全社的な内部統制の評価のもつ特徴から探ってみることにする。

　第1に，経営者による全社的な内部統制の有効性の評価には，財務報告の信頼性の確保という内部統制の目的の観点から，企業が直面するリスクの識別・分析・評価及び対応に係る自らの判断や意思決定の合理性あるいは妥当性を自己評価する側面がある。したがって，財務諸表における重要な虚偽記載が顕在化しない限り，自らの判断や意思決定を自己否定することは想定し難い。言い換えれば，虚偽記載の潜在性を全社的な内部統制に不備があるかどうかの判断基準にすることは想定しにくいということである。また，こういった傾向は，全社的な内部統制における不備ないし開示すべき重要な不備が必ずしも特定の財務諸表項目の虚偽記載と関連付けられるわけではないこと，また，全社的な内部統制に不備がある場合でも特定の業務プロセスに係る内部統制が単独で有効に機能することがあるという事情によって後押しされている。結果として，経営者による評価は形式的なものになってしまう。

　第2に，取締役会の監督機能や監査役等の監視機能といった，自らを規律するガバナンスの機能の有効性に関する評価について，それら機能の有効性を自ら否定することは想定し難い。これら機能の脆弱性が特定の財務諸表項目における重要な虚偽記載につながっていない場合は特にそうである。これもまた，経営者による全社的な内部統制の評価を形式的なものとさせている要因であると言える。

　第3に，経営者が内部統制報告書において全社的な内部統制に開示すべき重要な不備が存在するとの評価結果を表明することは，自らがそれを整備及び運用する役割と責任を負う内部統制について，局所的ではなく全体として有効に機能していないと宣言することを意味する。自らの管理能力全般を公に自己否定することは，これも全社的な内部統制の不備に起因して特定の財務諸表項目において重要な虚偽記載が顕在化しない限り，通常考え難い。結果として，経営者による全社的な内部統制の評価は必ずしも実効性のあるものとなり得ない。

Ⅳ　全社的な内部統制の評価の妥当性に対する監査人の検討

1　全社的な内部統制の有効性の判断

　次に，経営者による全社的な内部統制の評価の妥当性に対する監査人の検討の問題に論点を移す。監査人が経営者による全社的な内部統制の評価の妥当性を判断する際に手掛かりとなるのは，当然とはいえ，経営者が全社的な内部統制の有効性を判断する際の指針である。内部統制実施基準は，経営者が全社的な内部統制が有効であると判断するには，全社的な内部統制が財務報告に係る虚偽の記載及び開示が発生するリスクを低減するため，以下の条件を満たしていることが重要であるとする（内部統制実施基準Ⅱ・3 (4) ①ロ）。

- ・全社的な内部統制が，一般に公正妥当と認められる内部統制の枠組みに準拠して整備及び運用されていること。
- ・全社的な内部統制が，業務プロセスに係る内部統制の有効な整備及び運用を支援し，企業における内部統制全般を適切に構成している状態にあること。

　また，内部統制実施基準は，内部統制の開示すべき重要な不備となる全社的な内部統制の不備の例として，以下のものを挙げている（内部統制実施基準Ⅱ・3 (4) ①ハ）。

a. 経営者が財務報告の信頼性に関するリスクの評価と対応を実施していない。

b. 取締役会又は監査役等が財務報告の信頼性を確保するための内部統制の整備及び運用を監督，監視，検証していない。

c. 財務報告に係る内部統制の有効性を評価する責任部署が明確でない。

d. 財務報告に係る IT に関する内部統制に不備があり，それが改善されずに放置されている。

e. 業務プロセスに関する記述，虚偽記載のリスクの識別，リスクに対する内部統制に関する記録など，内部統制の整備状況に関する記録を欠いており，取締役会又は監査役等が，財務報告に係る内部統制の有効性を監督，監視，検証することができない。

f. 経営者や取締役会，監査役等に報告された全社的な内部統制の不備が合理的な期間に改善されない。

2　経営者による評価結果を監査人が反証することの困難さ

　内部統制実施基準が内部統制の開示すべき重要な不備となる全社的な内部統制の不備として示す例は，経営者をはじめとする内部統制に関係を有する者が各々の役割と責任を全く果たしていない，あるいは内部統制の整備状況に関する記録を欠いている等，全社的な内部統制が機能していないことが明確な事例となっている。これは，全社的な内部統制における不備ないし開示すべき重要な不備は必ずしも特定の財務諸表項目の虚偽記載と関連づけられない[18]，という事情が背景にあるためであると考えられる。

　先述したように，経営者が内部統制報告書において全社的な内部統制に開示すべき重要な不備が存在するとの評価結果を表明することは，自らがそれを整備及び運用する役割と責任を負う内部統制について，局所的ではなく全体として有効に機能していないと宣言することを意味する。それゆえ，経営者が「全社的な内部統制に開示すべき重要な不備があり，内部統制は有効でない」との評価を下すことは想定しにくい。これに対して，監査人が，かりに全社的な内

部統制に「開示すべき重要な不備はない」との経営者の評価を否定して，全社的な内部統制に「開示すべき重要な不備が存在する」との結論を下したとする。そうすると，監査人に対して，「そのような内部統制に依拠して試査をベースにした財務諸表監査が実施可能か」との疑念の目が向けられる可能性がある。それゆえ，監査人が，経営者による評価結果を反証する形で，全社的な内部統制に「開示すべき重要な不備が存在する」との結論を下すこともまた想定しにくい。結局，監査意見表明の後になって事後的に財務諸表に重要な虚偽記載の存在することが判明し，当該虚偽記載をもたらした原因が全社的な内部統制に存在する開示すべき重要な不備にあったと判断される場合 [19] を除けば，経営者が開示すべき重要な不備の存在を積極的に認める可能性は低いと言わざるを得ない。監査人もまた，経営者が開示すべき重要な不備の存在を積極的に認めた場合にのみ，経営者の評価を追認する形で開示すべき重要な不備の存在を認めることになると思われる。

　以上のことから，経営者による全社的な内部統制の評価に対する監査人の検討もまた，形式的で実効性の欠ける手続となる可能性が高いことがわかる。

V　実効性確保のための方策

　これまで，経営者による全社的な内部統制の評価の妥当性に対する監査人の検討が形式的であり実効性を欠くものとなっている要因を探ってきた。もちろん，監査人の検討が実効性を欠く状況は望ましいものではない。そこで，最後に，監査人による検討の実効性を確保するための方策を考察することにしたい。

1　一体監査であることの再認識
　その方策を考察する際の出発点は，内部統制監査が財務諸表監査と一体となって行われるものであることを再認識することにある。両監査が一体監査として実施されることから，「内部統制監査の過程で得られた監査証拠は，財務

諸表監査の内部統制の評価における監査証拠として利用され，また，財務諸表監査の過程で得られた監査証拠も内部統制監査の証拠として利用されることがある。」（内部統制基準Ⅲ・2。下線は引用者）ことになる。ここでは，財務諸表監査の過程で得られた監査証拠を内部統制監査の証拠として利用することによる，全社的な内部統制の評価に対する監査人の検討の実効性を確保するための方策を探ることにする。

2　事業上のリスク等を重視したリスク・アプローチの特質

　周知のとおり，現代の財務諸表監査は事業上のリスク等を重視したリスク・アプローチに基づいて実施されている。これは，監査人に対して，監査の実施において，内部統制を含む，企業及び企業環境を理解し，これらに内在する事業上のリスク等が財務諸表に重要な虚偽の表示をもたらす可能性を考慮することを求めるものである[20]。

　監査人は，重要な虚偽表示のリスクを識別し評価するために実施するリスク評価手続において，内部統制を含む，企業及び企業環境の理解[21]を求められている。この理解すべき内部統制には，例えば，内部統制の構成要素の「統制環境」[22]に相当する「取締役会や監査役等の参画」や「経営理念と経営方針」等が含まれている（監基報315・A73）。前者に関しては，取締役会や監査役等の「経営者からの独立・経験や見識・関与の範囲として入手している情報の程度及び監視活動・経営者に対して行う経営判断に関する質問の程度，内部監査部門や監査人との連携を含む活動の適切性」（監基報315・A73）がその理解に関連するものとされる。後者に関しては，経営者の特色として「事業上のリスクを管理する方法・財務報告に対する考え方・情報処理部門や経理部門の機能とその担当者に対する姿勢」（監基報315・A73）がその理解に関連するものとされる。

　また，同じくリスク評価手続において，内部統制の構成要素をなす「企業のリスク評価プロセス」の理解を監査人は求められている。この「企業のリスク評価プロセス」は，経営者（企業）による「（1）財務報告に影響を及ぼす事業

上のリスクの識別，（2）リスクの重要度の見積り，（3）リスクの発生可能性
の評価，（4）リスクに対処する方法の決定」に関するプロセスであり（監基報
315・14），「管理の対象とすべきリスクを経営者がどのように決定するかの基礎
となる」（監基報315・A83）ものであるとされる[23]。

　このように，監査人は，事業上のリスク等を重視したリスク・アプローチの
下で，リスク評価手続において「統制環境」や「企業のリスク評価プロセス」
の理解が求められている。これらの手続は，監査人に対して，前者に関して
は，事業上のリスクを管理する方法や財務報告に対する考え方等の経営者の姿
勢（「経営理念と経営方針」），並びに経営者に対するガバナンス機能（「取締役会や
監査役等の参画」）に関する理解を求めている。また，後者に関しては，経営者
が財務報告の信頼性の確保という観点から事業上のリスク等をどのように識
別・評価し，かつ対処したのかについての理解を監査人に対して求めている。

3　内部統制監査と財務諸表監査の有機的な結合[24]

　財務諸表監査におけるリスク評価手続において監査人に理解が求められる内
部統制は，内部統制報告の過程で経営者に評価が求められる全社的な内部統制
と肝要な部分で重なりあっている。すなわち，「統制環境」に属する事項であ
る経営者の「経営理念と経営方針」及び「取締役会や監査役等の参画」は，リ
スク評価手続に際して監査人に理解が求められる一方で，全社的な内部統制を
構成するものとして経営者による評価の対象ともなるものである。また，リス
ク評価手続に際して監査人に理解が求められる「企業のリスク評価プロセス」
は，全社的な内部統制を構成するものとして経営者による評価の対象となる
「リスクの評価と対応」に相応する。内部統制監査において監査人は，「統制環
境」や「リスクの評価と対応」（「企業のリスク評価プロセス」）に対する経営者の
評価の妥当性を検討する。財務諸表監査では同一の監査人が，同じ内部統制を
重要な虚偽表示のリスクの評価の一環として自ら評価するのである。

　そうすると，財務諸表監査と内部統制監査に共通する主題が存在することが
わかる。すなわち，「経営者が財務諸表の重要な虚偽表示をもたらす可能性の

ある事業上のリスク等をどのように識別・評価し対処したのか，その適否ない
し良否」，及び「経営者に対するガバナンス機能の充分性」，がそれである。財
務諸表監査では，リスク評価手続に際して内部統制を構成する「統制環境」や
「企業のリスク評価プロセス」の理解の一環として，当該主題に関する評価が
監査人に要求される。内部統制監査では，全社的な内部統制の評価として経営
者により当該主題に関する評価が自己評価としてなされ，監査人は経営者によ
る評価の妥当性の検討という文脈において，当該主題の評価が求められること
になる。

　そこで，全社的な内部統制の評価に対する監査人の検討の実効性を確保する
ことを通して，内部統制監査の実効性を確保するために，財務諸表監査のリス
ク評価手続に際して，重要な虚偽表示リスクの評価の一環として内部統制（特
に「統制環境」と「企業のリスク評価プロセス」）の有効性を適切に評価し，その結
果を経営者による全社的な内部統制の評価の妥当性の検討に際して活用するこ
とが肝要となる。内部統制監査がダイレクト・レポーティングではないこと，
経営者による評価を理解・尊重しなければならないことは，財務諸表監査にお
ける重要な虚偽表示のリスクの評価には直接影響を及ぼすことはないはずであ
る。財務諸表監査において事業上のリスク等を重視したリスク・アプローチを
実効性あるものとすることこそが，内部統制監査の実効性の確保につながるの
である。

VI　むすび

　本章は，まず，内部統制監査の実効性を確保すること，とりわけ内部統制監
査のプロセスのなかで経営者による全社的な内部統制の評価の妥当性に対する
監査人の検討の実効性を確保することがなぜ今喫緊の課題となっているのか，
その背景について説明した。続いて，全社的な内部統制の評価の，経営者によ
る財務報告に係る内部統制の評価のプロセスにおける位置付けと，その特徴を
明らかにした。そして，その結果を基に経営者による全社的な内部統制の評価

が形式的なものとなる理由を述べた。さらに，経営者による全社的な内部統制の評価の妥当性に対する監査人の検討について，経営者による評価結果を監査人が反証することが困難であることを，その理由とともに明らかにした。

　最後に，経営者による全社的な内部統制の評価に対する監査人の検討の実効性を確保するための方策を示した。それは，内部統制監査が財務諸表監査と一体となって実施されることを踏まえて，内部統制監査と財務諸表監査との有機的な結合を図ることを促すものである。その有機的な結合の鍵を握るのは，内部統制監査における全社的な内部統制の評価の妥当性の検討と，財務諸表監査のリスク評価手続における内部統制の理解に共通する主題の存在である。すなわち，「経営者が財務諸表の重要な虚偽表示をもたらす可能性のある事業上のリスク等をどのように識別・評価し対処したのか，その適否ないし良否」，及び「経営者に対するガバナンス機能の充分性」，がそれである。両監査に共通の主題が存在することで，財務諸表監査の内部統制の評価の過程で得られた監査証拠を内部統制監査の経営者による全社的な内部統制の評価の妥当性に係る監査証拠として活用する途が開かれる。ダイレクト・レポーティングを採用していない我が国の内部統制監査では，財務諸表監査の内部統制の評価の過程で得られた監査証拠の活用は，とりわけ重要な意義をもっている。もっとも，そのためには，財務諸表監査において，事業上のリスク等を重視したリスク・アプローチを実効性あるものとすることが重要であると言える。

【注】

1）監査・保証実務委員会報告第 82 号「財務報告に係る内部統制の監査に関する実務上の取扱い」（日本公認会計士協会監査・保証実務委員会［2020］。以下「82 号」という）・10。

2）他の 4 つの柱は，（1）監査法人のマネジメントの強化，（2）会計監査に関する情報の株主等への提供の充実，（3）企業不正を見抜く力の向上，（4）「第三者の眼」による会計監査の品質のチェックである。

3）日本公認会計士協会近畿会監査問題特別委員会「提言書〜監査の諸問題に関するアンケート結果から〜」2017 年 3 月，「提言書の公表に当たって」（日本公認会計士協会近畿会

監査問題特別委員会［2017］）参照。以下，本章では「近畿会提言書」という。

4）近畿会提言書の 66 〜 69 頁を参照。なお，近畿会提言書は，内部統制報告制度および内部統制監査制度を「内部統制監査制度等」と称しており，本節もそれに従う。

5）ここにいう「全社統制」は，全社的な内部統制と同義であると思われる。

6）近畿会提言書，10 頁。

7）近畿会提言書，10 頁。

8）2013 年 4 月期から 2017 年 3 月期（2017 年 6 月 30 日提出日現在）までの内部統制報告書（訂正内部統制報告書を含む）において開示すべき重要な不備を開示している事例で延べ 207 件を数える（32 号，3 頁）。

9）2014 年度においては，開示すべき重要な不備の報告社数 29 社のうち 17 社が有価証券報告書の訂正報告書を提出していた。同様に，2015 年は 36 社のうち 23 社，2016 年は 54 社のうち 27 社，2017 年は 42 社のうち 20 社が有価証券報告書の訂正報告書を提出していた（32 号，2 頁）。

10）32 号，2 頁。

11）32 号，34 頁。

12）内部統制実施基準は，「全社的な内部統制は企業全体に広く影響を及ぼし，企業全体を対象とする内部統制であり，基本的には企業集団全体を対象とする内部統制を意味する。」（内部統制実施基準Ⅱ・3（2）①）と説明している。

13）上で述べたように，この規定にいう「連結ベースでの財務報告に重要な影響を及ぼす内部統制」が「全社的な内部統制」である。また，「業務プロセスに組み込まれ一体となって遂行される内部統制」が「業務プロセスに係る内部統制」である。

14）カッコ（引用者による）内は対応する内部統制の基本的要素を示している。内部統制基準は「統制環境」を「統制環境とは，組織の気風を決定し，組織内の全ての者の統制に対する意識に影響を与えるとともに，他の基本的要素の基礎をなし，リスクの評価と対応，統制活動，情報と伝達，モニタリング及び IT への対応に影響を及ぼす基盤をいう。」（内部統制基準Ⅰ・2（1））と定義している。また，内部統制基準は「リスクの評価と対応」については，「リスクの評価と対応とは，組織目標の達成に影響を与える事象について，組織目標の達成を阻害する要因をリスクとして識別，分析及び評価し，当該リスクへの適切な対応を行う一連のプロセスをいう。」（内部統制基準Ⅰ・2（2））と定義している。

15）監査役等とは，「監査役，監査役会，監査等委員会又は監査委員会」をいう（内部統制基準前文・二）。

16）このことは，「全社的な内部統制に不備があるという状況」＝「基本的な内部統制の整備に不備があること」（傍点は引用者）との内部統制実施基準の認識からも理解できると考

えられる。基本的な内部統制の整備の段階ないし側面で不備があれば，内部統制が全体として有効に機能しないのは当然のことであろう。

17）本規定は，一見すると「ただし」の前後で矛盾する内容になっているようにも思われる。しかし，本章では，本規定における全社的な内部統制の説明は，全社的な内部統制のもつ固有の性格を端的に示すものと認識している。

18）特定の財務諸表項目の虚偽記載を直接的に防止・発見しないタイプの全社的な内部統制の不備がどの程度の大きさの虚偽記載を生じさせる可能性があるかを評価することは実際上困難である。

19）過去に遡って「全社的な内部統制に開示すべき重要な不備が存在していた」との情報を事後的に提供されたところで，内部統制報告書の実質上の宛先である財務諸表利用者にとって益するところはけっして多くない。内部統制報告書が本来の役割である重要な虚偽記載の発生可能性に関わる早期警戒情報を提供できていないことになる。

20）『監査基準』では，「事業上のリスク等を重視したリスク・アプローチ」は，次の2つの規定に最も端的に表現されている。「監査人は，監査の実施において，内部統制を含む，企業及び企業環境を理解し，これらに内在する事業上のリスク等が財務諸表に重要な虚偽の表示をもたらす可能性を考慮しなければならない。」（第三 実施基準　一 基本原則2）及び「監査人は，監査計画の策定に当たり，景気の動向，企業が属する産業の状況，企業の事業内容及び組織，経営者の経営理念，経営方針，内部統制の整備状況，情報技術の利用状況その他企業の経営活動に関わる情報を入手し，企業及び企業環境に内在する事業上のリスク等がもたらす財務諸表における重要な虚偽表示のリスクを暫定的に評価しなければならない。」（第三 実施基準　二 監査計画の策定2）がそれである。

21）ここにおける「理解」とは，「監査の過程を通じた継続的かつ累積的な情報の収集，更新及び分析のプロセスである。」（監基報315・A1）とされる。

22）監基報315は「統制環境」について，「統制環境には，ガバナンス及び経営の機能と，企業の内部統制及びその重要度に対する経営者，取締役会並びに監査役等の態度や姿勢並びに実際の行動が含まれる。統制環境は内部統制に対する従業員の意識に影響を与え，社風を形成する。」（監基報315・A72）と説明している。先に示した（注14参照）内部統制基準による統制環境の定義と大差ないものと言える。

23）監基報315の定義する「企業のリスク評価プロセス」には「リスクに対処する方法の決定」が含まれることを鑑みると，先に示した（注14）内部統制基準による「リスクの評価と対応」の定義と大きな違いはないものと思われる。

24）ここに言う「有機的な結合」の意味内容を説明したい。「有機的」とは，「有機体のように多くの部分が集まって一つの全体を構成し，その各部分が密接に結びついて互いに影響

を及ぼし合っているさま」（大辞林（第三版））を言う。内部統制監査と財務諸表監査は，別々の監査の単なる寄せ集めではなく，両者相俟って1つの全体を構成するとともに，密接に結びついて互いに影響を及ぼすものと考えられる。「有機的な結合」とは，内部統制監査と財務諸表監査が，一方の目的の下で実施される監査手続とそれから得られる監査証拠が他方の目的にも資するような仕方で実施されるさま，を指している。

———— 第6章 ————

内部統制監査報告書の特徴

I　はじめに

　我が国の金融商品取引法に基づく内部統制監査は，周知のとおり，経営者の作成した内部統制報告書を監査人の意見表明の対象としている[1]。経営者の作成した情報を意見表明の対象としている点は，財務諸表監査の場合と同じである。しかしながら，財務諸表監査が投資者にとって重要な意思決定の資料である財務諸表を意見表明の対象としているのに対して，内部統制監査の意見表明の対象である内部統制報告書は投資者にとって直接的な関心の対象とは言えない。つまり，投資者にとっての直接的な関心事は財務報告の信頼性であるのに対して，内部統制報告書は財務報告の信頼性を確保するための内部統制，すなわち，財務報告に係る内部統制の有効性について経営者が評価した結果等を記載した報告書である。少なくとも，投資者は，財務報告に係る内部統制の有効性を写像した結果である内部統制報告書よりも，財務報告に係る内部統制の有効性それ自体により大きな関心をもつと言えるであろう。

　そうすると，そもそも内部統制報告書に対する監査意見は，投資者の立場からすると，関心の対象である財務報告に係る内部統制の有効性について間接的なメッセージを与えるものでしかない。さらに言えば，後に詳細に検討するように，監査意見の種類とそれが表明される状況によっては，監査意見の持つ意味が投資者に十分に伝わらない危険性がある。つまり，内部統制監査報告書の中核をなす監査意見だけでは，投資者にとって本来必要なメッセージが伝わらない場合があるのである。

　内部統制監査報告書において，監査意見の投資者に対するメッセージとして

の不十分さを補うのが追記情報である。財務諸表監査では，追記情報は監査意見を通した保証の枠組みの外にあるものであり，財務諸表監査の監査報告書（以下「財務諸表監査報告書」という）では従たる位置付けがなされている。内部統制監査報告書での取扱いも本来，財務諸表監査と同様であると考えられる。しかしながら，我が国の内部統制監査の基準及びそれを実際に適用するための実務指針は，内部統制監査報告書において追記情報に重要な役割を担わせていると思われる。つまり，監査意見の種類とそれが表明される状況によっては，追記情報は内部統制監査報告書において極めて重要な役割を担っているのである。

　本章は，以上の主張をその理論的根拠とともにより明確に提示するものである[2]。本章の構成は以下の通りである。Ⅱ節では，議論の前提として，無限定適正意見が表明される場合を前提に，内部統制監査報告書の記載区分と各区分における要記載事項を確認している。Ⅲ節では，まず，内部統制監査報告書において除外事項となる可能性のある事項について検討する。そのうえで，除外事項の有無及びその種類とそれらが内部統制報告書に及ぼす（あるいは及ぼす可能性のある）影響の重要性の程度に応じて生じる内部統制監査報告書の移行形態について論じている。そして，Ⅳ節では，それまでの議論を踏まえた上で，内部統制監査報告書において追記情報が果たす役割の重要性を，内部統制監査と財務諸表監査の関係性から導きだすことにより主張している。Ⅴ節を本章のむすびとしている。

Ⅱ　内部統制監査報告書の構造

1　内部統制監査報告書の記載区分

　監査人は，内部統制監査報告書に，監査人の意見，意見の根拠，経営者及び監査役等の責任並びに監査人の責任を明瞭かつ簡潔にそれぞれ区分をした上で，記載しなければならない（内部統制基準Ⅲ・4 (2) ①）。すなわち，内部統制監査報告書は，基本的に「監査人の意見」・「意見の根拠」・「経営者及び監査役

等の責任」・「監査人の責任」の４つに区分される$^{3)}$。ただし，監査人は，内部
統制報告書に対して意見を表明しない場合には，その旨を内部統制監査報告書
に記載しなければならない（内部統制基準・同上）。

　また，監査人は，内部統制報告書の記載について強調する必要がある事項及
び説明を付す必要がある事項を内部統制監査報告書において情報として追記す
る場合には，意見の表明とは明確に区別しなければならない（内部統制基準Ⅲ・
4（2）②）$^{4)}$。この追記情報が記載される場合には，新たな区分が設けられる
ことになるため，内部統制監査報告書は５つに区分されることになる$^{5)}$。追記
情報として内部統制監査報告書に記載すべき事項については後述する。なお，
後に詳細に検討するように，追記情報が記載されるのは，無限定適正意見が表
明される場合に限定されない。

2　内部統制監査報告書の記載事項

　無限定適正意見が表明される場合，内部統制監査報告書には，追記情報の記
載がないことを前提にすると，上述の４つの区分に各々以下に掲げる事項が記
載される$^{6)}$。なお，ここで無限定適正意見とは，監査人が，「経営者の作成し
た内部統制報告書が，一般に公正妥当と認められる内部統制の評価の基準に準
拠し，財務報告に係る内部統制の評価について，全ての重要な点において適正
に表示していると認められる」と判断したときに表明する意見をいう（内部統
制基準Ⅲ・4（3））。

　我が国の内部統制監査がダイレクト・レポーティングを採用しなかったこ
と，換言すれば，財務報告に係る内部統制の有効性それ自体ではなく，内部統
制報告書を監査人による意見表明の対象としたことは，次頁に示した内部統制
監査報告書における要記載事項に明確な形で反映されている。

　内部統制監査報告書の冒頭に記載される「監査人の意見」の区分において，
「内部統制報告書が，一般に公正妥当と認められる財務報告に係る内部統制の
評価の基準に準拠し，財務報告に係る内部統制の評価結果について，すべての

| 図表6－1 | 内部統制監査報告書の記載事項 |

① 監査人の意見

イ．　内部統制監査の範囲

ロ．　内部統制報告書における経営者の評価結果

ハ．　内部統制報告書が，一般に公正妥当と認められる財務報告に係る内部統制の評価の基準に準拠し，財務報告に係る内部統制の評価結果について，全ての重要な点において適正に表示していると認められること

② 意見の根拠

イ．　内部統制監査に当たって，監査人が一般に公正妥当と認められる財務報告に係る内部統制の監査の基準に準拠して監査を実施したこと

ロ．　内部統制監査の結果として入手した監査証拠が意見表明の基礎を与える十分かつ適切なものであること

③ 経営者及び監査役等の責任

イ．　経営者には，財務報告に係る内部統制の整備及び運用並びに内部統制報告書の作成の責任があること

ロ．　監査役等には，財務報告に係る内部統制の整備及び運用状況を監視，検証する責任があること

ハ．　内部統制の限界

④ 監査人の責任

イ．　内部統制監査を実施した監査人の責任は，独立の立場から内部統制報告書に対する意見を表明することにあること

ロ．　財務報告に係る内部統制の監査の基準は監査人に内部統制報告書には重要な虚偽表示がないことについて，合理的な保証を得ることを求めていること

ハ．　内部統制監査は，内部統制報告書における財務報告に係る内部統制の評価結果に関して監査証拠を得るための手続を含むこと

ニ．　内部統制監査は，経営者が決定した評価範囲，評価手続及び評価結果を含め全体としての内部統制報告書の表示を検討していること

ホ．　内部統制監査の監査手続の選択及び適用は，監査人の判断によること

重要な点において適正に表示している」旨の意見が表明される。つまり，監査人は，内部統制監査において，内部統制報告書の適正性（適正表示）に対して意見を表明する。

また，「経営者及び監査役等[7]の責任」の区分において内部統制報告書の作成責任が経営者にあること，「監査人の責任」の区分において監査人の責任は独立の立場から内部統制報告書に対する意見を表明することにあることが，そ

れぞれ記載される。これらにより，内部統制監査が情報監査であること，また，財務諸表監査と同様に内部統制監査においても二重責任の原則が遵守すべき規範として存在することが明らかとなる[8]。

　さらに，「監査人の責任」の区分において，「財務報告に係る内部統制の監査の基準は監査人に内部統制報告書には重要な虚偽表示がないことについて，合理的な保証を得ることを求めている」旨の記載がなされる。加えて，「内部統制監査は，経営者が決定した評価範囲，評価手続及び評価結果を含め全体としての内部統制報告書の表示を検討している」旨が明記される。これら記載事項からも，内部統制監査が内部統制報告書を監査の対象とする情報監査であることが読み取れる。

　後に詳細に検討することになるが，このように監査人が財務報告に係る内部統制の有効性ではなく，あくまでも内部統制報告書の適正性（適正表示）に対して意見を表明することで，内部統制監査報告書で表明される監査意見それ自体が投資者に対してもつ意味が複雑になるとともに，追記情報が内部統制監査報告書において果たす役割が重要となる。

III　内部統制監査報告書の移行形態[9]

1　内部統制監査報告書における除外事項

　内部統制報告書に対する監査意見は，意見に関する除外事項及び監査範囲の制約に関する除外事項の有無と，それらが内部統制報告書全体に及ぼす（あるいは及ぼす可能性のある）影響の重要性の程度に応じて，無限定適正意見，限定付適正意見，不適正意見及び意見不表明の移行形態を生じる[10]。

　それでは，内部統制監査報告書において無限定適正意見の表明を不可能とさせる除外事項にはどのようなものがあるのか。ここでは，意見に関する除外事項となり得る事項について考察する[11]。実務指針である82号によれば，内部統制報告書が適正に表示されているとは，内部統制報告書に重要な虚偽表示（脱漏を含む）がないということであり，具体的には，一般に公正妥当と認めら

れる財務報告に係る内部統制の評価の基準に準拠して，（１）財務報告に係る
内部統制の評価範囲，（２）財務報告に係る内部統制の評価手続，（３）財務報
告に係る内部統制の評価結果及び（４）付記事項等の内容に関して，その重要
な点につき記載が適切であることを意味している（82号・257）。換言すれば，
これら４つの事項のうちで重要な点につき記載が適切でないものがある場合，
当該事項は内部統制監査報告書において除外事項となるということである。し
たがって，財務報告に係る内部統制の有効性に関する経営者の結論[12]自体が
適切であっても，財務報告に係る内部統制の評価範囲，評価手続及び評価結果
あるいは付記事項等の内容について記載が適切でないと監査人が判断した場合
には，当該不適切な記載が内部統制報告書に及ぼす影響の重要性の程度により
無限定適正意見が表明されない可能性があることになる。

　ここで，「記載が適切でない」という表現の意味するところについて考えて
みたい。内部統制監査は，制度上，内部統制報告書の適正性（適正表示）に対
して監査意見を表明する情報監査と位置付けられる。純粋に情報監査として捉
えた場合，内部統制監査は，内部統制報告書の記載事項が記載対象とした実態
を適切に表示しているかどうかを検証する役割のみを担うことになる。つま
り，内部統制報告書に記載された財務報告に係る内部統制の評価範囲，評価手
続及び評価結果等（情報）が，経営者が実施した財務報告に係る内部統制の評
価範囲，評価手続及び評価結果（実態）と符合しているかを確かめることが，
内部統制監査の機能ということになる。

　ところが，この後の限定付適正意見・不適正意見・意見不表明に関する議論
から明らかとなるように，内部統制基準及び内部統制実施基準並びに実務指針
（82号）が指向する内部統制監査は，そういった意味での情報と実態の符号を
確認する役割ないし機能のみを果たすのではない。むしろ，監査人自身が自ら
の立場から妥当と考える財務報告に係る内部統制の評価範囲，評価手続及び評
価結果等[13]について一定の認識を得た上で，それを内部統制報告書の記載事
項と比較することにより，記載が適切であるかどうかを監査人は判断する。つ
まり，監査人からみた真の「実態」と経営者が内部統制報告書において提示す

る「情報」とを照合することで，記載事項の適切性を判断するのである。

2　無限定適正意見

　無限定適正意見が表明される内部統制監査報告書では，「内部統制監査の対象となった内部統制報告書が，一般に公正妥当と認められる財務報告に係る内部統制の評価の基準に準拠して，財務報告に係る内部統制の評価結果について，全ての重要な点において適正に表示していると認められる」旨が記載される（82号・273）。

　無限定適正意見が表明されることになる最も一般的なケースは，経営者は内部統制報告書において財務報告に係る内部統制は有効であると結論付けており，かつ，内部統制の評価範囲，評価手続及び評価結果についての，経営者が行った記載が適切である場合（82号・273①）である。先に挙げた内部統制監査報告書の記載事項のうちの「監査人の責任」の区分において，監査人は「経営者が決定した評価範囲，評価手続及び評価結果を含め全体としての内部統制報告書の表示を検討している」旨の記載を求められている。つまり，制度上，監査人は，財務報告に係る内部統制の有効性に関する結論を含めて，実施した内部統制の評価範囲，評価手続及び評価結果等について経営者が行った記載の適切さを検討していることになる。もっとも，先述したように，実質上，監査人は，経営者が実施した内部統制の評価範囲，評価手続及び評価結果等の妥当性を評価しているものと考えられる。

　無限定適正意見が表明される第2のケースは，経営者は内部統制報告書において財務報告に係る内部統制に開示すべき重要な不備があるため有効でない旨及び是正できない理由等を記載しており，かつ，内部統制の評価範囲，評価手続及び評価結果についての，経営者が行った記載が適切である場合（82号・273②）である。この場合，監査人は，内部統制監査報告書において，当該開示すべき重要な不備がある旨及び当該開示すべき重要な不備が財務諸表監査に及ぼす影響を強調事項として記載する（82号・同上）。

　このケースにおける無限定適正意見がもつ意味を内部統制報告書の利用者，

ひいては投資者はどのように理解すべきなのであろうか。本ケースは，我が国の内部統制監査制度が監査人に対して財務報告に係る内部統制の有効性ではなく，内部統制報告書の適正性に対する意見表明を求めているという事情により生じる。仮に，我が国の内部統制監査制度が監査人に対して財務報告に係る内部統制の有効性それ自体に対する意見表明を求めているとすれば，本ケースのように経営者自身が内部統制の有効性を自ら否定している場合に監査人が経営者によるその言明を覆す可能性は低いため，監査人は内部統制の有効性に対して否定的な意見を表明することになる。「内部統制に開示すべき重要な不備があり有効でない」場合に，監査人が当該内部統制について直接，否定的な意見を表明すれば，監査人の意見は投資者に向けての内部統制の有効性に関する直接的で明確なメッセージとなり得るはずである。

これに対して，内部統制報告書の適正性が意見表明の対象となる現行の制度的枠組みの下では，本ケースにおける無限定適正意見は，投資者に対して内部統制の有効性に関する間接的なメッセージしか与えないことになる。つまり，監査人は，「内部統制に開示すべき重要な不備があり有効でない」とする経営者の言明の信頼性を保証することを通して，投資者に対して間接的に内部統制の有効性に関するメッセージ，それも否定的なそれを発信している。そして，こういった間接的なメッセージを補足するために，内部統制に開示すべき重要な不備が存在する旨及び当該開示すべき重要な不備が財務諸表監査（財務諸表に対する監査意見[14]）に及ぼす影響を追記情報として記載するのである[15]。

無限定適正意見が表明される第3のケースは，経営者はやむを得ない事情により内部統制の一部について十分な評価手続を実施できなかったが，内部統制報告書において財務報告に係る内部統制は有効であると結論付けており，かつ，内部統制の評価範囲，評価手続及び評価結果についての，経営者が行った記載が適切である場合（82号・273③）である。この場合，監査人は，内部統制監査報告書において，「十分な評価手続を実施できなかった範囲及びその理由」を追記情報として記載する（内部統制基準Ⅲ・4(6)④）。また，ここにおける「やむを得ない事情」とは，期限内に内部統制評価の基準に準拠した評価手続を経

営者が実施することが困難と認められる事情がある場合（82号・263）であると
される。

　ここでまず確認しておきたいことは，本ケースでは，監査人は，監査範囲の
制約に関する除外事項を付した限定付適正意見を表明するのではなく，あくま
でも無限定適正意見を表明するということである。つまり，監査人は，「財務
報告に係る内部統制は有効である」とする経営者の結論のみならず，内部統制
の評価範囲，評価手続及び評価結果について経営者が行った記載が適切である
と判断したのである。この「やむを得ない事情」により十分な評価手続を実施
できず，それゆえ経営者が評価範囲から除外した内部統制は，本来，それが財
務報告の信頼性に及ぼす影響の重要性を勘案して評価範囲に含めるべき内部統
制である。そうでなければ，評価範囲から除外した内部統制について，「その
範囲及びその理由を内部統制報告書に記載することが必要」（内部統制実施基準
Ⅱ・3 (6)）とはならないはずである。それゆえ，財務報告の信頼性に及ぼす影
響が重要と目される内部統制を評価範囲から除外してもなお，監査範囲の制約
に関する除外事項を付すことなく経営者による「財務報告に係る内部統制は有
効である」との言明に監査人が同意するのは，十分な評価手続を実施できな
かった理由が文字通り「やむを得ない事情」にあるからである [16]。ただし，
先述したように，監査人は，内部統制監査報告書において「十分な評価手続を
実施できなかった範囲及びその理由」を，内部統制報告書の利用者の注意を喚
起すべく追記情報（強調事項）として記載しなければならない。

3　限定付適正意見

（1）意見に関する除外事項を付した限定付適正意見

　監査人は，内部統制報告書において，経営者が決定した評価範囲，評価手
続，及び評価結果に関して不適切なものがあり，その影響が無限定適正意見を
表明することができない程度に重要ではあるものの，内部統制報告書を全体と
して虚偽の表示に当たるとするほどではないと判断したときには，除外事項を
付した限定付適正意見を表明しなければならない。この場合には，意見の根拠

の区分に，除外した不適切な事項及び財務諸表監査に及ぼす影響を記載しなければならない（内部統制基準Ⅲ・4（4）①）。

　先ほど述べたように，内部統制報告書において，財務報告に係る内部統制の評価範囲，評価手続及び評価結果，並びに付記事項等のうちで重要な点につき記載が適切でないものがある場合，当該事項は内部統制監査報告書において除外事項となる[17]。

　まず，評価範囲に関する「記載が適切でない」ケースを考える。本ケースについて検討するうえでまず確認しなければならないことは，本来，経営者が評価範囲に含めるべきであると監査人が判断する内部統制について経営者が評価を実施していない場合，当該領域は監査範囲の制約に係る除外事項となるということである。つまり，経営者による評価範囲の妥当性の判断は，監査範囲の制約の問題として取り扱うことに留意が必要である（82号・261）。本来，経営者が評価範囲に含めるべきであると監査人が判断する内部統制について，経営者が評価を実施していない場合，監査人の立場からすると，監査手続を実施する対象が存在しないというわけである。我が国の内部統制監査において監査の対象はあくまでも経営者による財務報告に係る内部統制の評価結果である，とのスタンスがここでも貫かれている。そうすると，意見に関する除外事項となり得る，評価範囲に関する「記載が適切でない」というケースには，評価すべき範囲について経営者と監査人との間で合意形成がなされていない状況[18]は含まれないことになる。それゆえ，経営者が実際に実施した評価範囲と異なる評価範囲が内部統制報告書に記載されている場合に限定されることになると思われる。

　次に，評価手続に関する「記載が適切でない」ケースを考える。評価手続に関しては，仮に，評価結果に関する記載は適切であるが評価手続に関する記載の一部が適切でないケース（評価手続の一部が実施できなかった場合を除く）が存在するとしても，評価手続に関する記載が「一部不適切である」こと[19]に起因する除外事項のみを付した限定付適正意見を表明することに建設的な意味があるとは思われない。

　続いて，評価結果に関する「記載が適切でない」ケースを考える。経営者が内部統制報告書に記載する評価結果は，最終的には，「財務報告に係る内部統制は有効である」という言明（結論）か，あるいは特定の内部統制について開示すべき重要な不備があり「財務報告に係る内部統制は有効でない」との言明（結論）のいずれかを含むものである[20]。前者の言明が評価結果に含まれている場合，監査範囲が一部制約されたことの影響が当該評価結果の意味内容を限定することはあっても，当該評価結果に関する記載が一部不適切である[21]ことを原因として表明される（「内部統制は有効である」という言明に対する）限定付適正意見の有する意味を解釈するのは困難である。後者の言明が評価結果に含まれている場合，開示すべき重要な不備についての記載が一部不適切であるという理由で，（「内部統制は有効でない」という言明に対して）限定付適正意見を表明することは想定し難い。後に検討するように，監査人が特定した開示すべき重要な不備を経営者が評価結果として内部統制報告書に記載していない場合は，それだけで不適正意見に相当する。

　以上の考え方が当を得ているとすると，実際上，付記事項の内容に不適切なものがある場合のほかは，意見に関する除外事項を付した限定付適正意見が表明されるケースは想像し難い[22]。すなわち，財務報告に係る内部統制に関する開示すべき重要な不備があるとした経営者の評価結果は適正であるが，期末日後に実施した是正措置を内部統制報告書に記載している場合において，監査人が当該是正措置に関する経営者の記載は不適切であると判断した場合（内部統制実施基準Ⅲ・5(1)）等の，付記事項の内容に不適切なものがある場合が想定される程度である。

（2）監査範囲の制約に関する除外事項を付した限定付適正意見

　監査人は，重要な監査手続を実施できなかったこと等により，無限定適正意見を表明することができない場合において，その影響が内部統制報告書全体に対する意見表明ができないほどではないと判断したときには，除外事項を付した限定付適正意見を表明しなければならない。この場合には，意見の根拠の区

分に，実施できなかった監査手続等及び財務諸表監査に及ぼす影響について記載しなければならない（内部統制基準Ⅲ・4（5）①）。

監査範囲の制約に関する除外事項を付した限定付適正意見は，基本的に，監査人が評価対象とすべきであると判断する内部統制が経営者により評価されなかった場合で，かつ，経営者が評価対象としなかった当該範囲の影響が内部統制報告書に対する意見を表明できないほどではないと判断される場合に表明される意見である。この場合，経営者の実施した内部統制の評価範囲が一部不十分であるものの，経営者の評価結果そのものは適切であることが条件となる。なお，一部範囲が限定される場合で経営者の評価結果が不適切である場合は，不適正意見となるが，内部統制監査報告書において不適正となった理由とともに範囲限定の状況を記載する（82号・278-2①）[23]。

ただし，等しく監査範囲の制約に関する除外事項を付した限定付適正意見であっても，経営者が財務報告に係る内部統制は有効であると結論付けている場合と，有効でないと結論付けている場合で，内部統制監査報告書における監査人の対応は異なる。つまり，まず，前者の場合，監査人は，「限定付適正意見の根拠」の見出しの下で，実施できなかった監査手続等及び財務諸表監査に及ぼす影響を記載しなければならない（82号・278-2）。他方，後者の場合，監査人はそれに加えて，経営者が評価を実施した範囲で発見し，内部統制報告書に適切に記載した内部統制の開示すべき重要な不備と，当該開示すべき重要な不備が財務諸表監査に及ぼす影響を追記情報として記載しなければならない[24]。監査範囲の制約に関する除外事項が付されているものの，ここでも，監査人は，「内部統制に開示すべき重要な不備があり有効でない」とする経営者の言明の信頼性を（限定付ではあれ）保証することを通して，投資者に対して間接的に内部統制の有効性に関する否定的なメッセージを発信している。そして，内部統制報告書に適切に記載されている内部統制に存在する開示すべき重要な不備を追記情報として内部統制監査報告書に重ねて記載することで，内部統制報告書利用者の注意を喚起するとともに，それが財務諸表に関する監査意見に及ぼす影響を追記情報[25]として記載するのである。

4　不適正意見

　監査人は，内部統制報告書において，経営者が決定した評価範囲，評価手続，及び評価結果に関して著しく不適切なものがあり，その影響が内部統制報告書全体として虚偽の表示に当たるとするほどに重要であると判断した場合には，内部統制報告書が不適正である旨の意見を表明しなければならない。この場合には，意見の根拠の区分に，内部統制報告書が不適正であるとした理由及び財務諸表監査に及ぼす影響について記載しなければならない（内部統制基準 Ⅲ・4（4）②）。

　内部統制監査報告書において不適正意見が表明される典型的なケースは，監査人が特定した開示すべき重要な不備を経営者は特定しておらず，内部統制報告書に記載していない場合（82号・276-2①）である [26]。これは，すなわち，監査人が開示すべき重要な不備であると判断した内部統制の不備について，経営者が当該不備を開示すべき重要な不備には該当しないと結論付け，内部統制報告書に開示していない場合に相当する。また，これには，経営者が開示すべき重要な不備を特定し財務報告に係る内部統制は有効ではないという結論を導いている場合であっても，経営者が特定した開示すべき重要な不備以外に，監査人が他の開示すべき重要な不備を特定している場合で，経営者に内部統制報告書への追加記載を求めたが，経営者の合意が得られず，内部統制報告書に記載されなかった場合が含まれる（82号・同上）。したがって，経営者は，監査人が特定した開示すべき重要な不備を全て内部統制報告書に記載しなければならず，監査人が特定した開示すべき重要な不備を1つでも記載しなければ，監査人に不適正意見を表明されてしまうことになる。

　上記の規定は，経営者が特定した開示すべき重要な不備以外に監査人が他の開示すべき重要な不備を特定している場合，監査人は経営者に対して内部統制報告書にそれを追加記載するように求めなければならない，ということを含意している。それは，監査人は特定したが経営者が特定していない開示すべき重要な不備を内部統制報告書に追加記載するよう経営者を促すことによって，経

営者の内部統制報告書作成責任の誠実な履行を求める[27]とともに，内部統制監査報告書において当該開示すべき重要な不備の記載がある旨とそれが財務諸表監査に及ぼす影響を追記情報として投資者に伝える必要があるからである。

　ところで，内部統制監査報告書において不適正意見が表明される場合で，財務諸表監査報告書では見られない内部統制監査特有のケースがある。それは，先述したように，経営者の実施した内部統制の評価範囲が一部不十分である場合で，かつ，経営者の評価結果についての記載が不適切であるケースである。より具体的には，「評価手続の一部が実施できなかったが，財務報告に係る内部統制は有効である旨，並びに実施できなかった評価手続及びその理由」として表明された経営者の評価結果に対して，監査人が不適切であると判断したケースである。当該評価結果が適切であると監査人が判断した場合には，監査範囲の制約に関する除外事項を付した限定付適正意見が表明されるが，本ケースの場合，不適切であると判断したのであるから不適正意見が表明されることになる。

　ところが，本ケースの場合，内部統制監査報告書において不適正となった理由とともに範囲限定の状況を記載する（82号・278-2①）ことになっているのである。不適正意見を表明してなお範囲限定の状況の記載を求められることは，財務諸表監査報告書では通常考えられない。本ケースの場合，「財務報告に係る内部統制は有効である」とする経営者の言明が否定されたのであるから，監査人が特定した開示すべき重要な不備を経営者は特定していない，つまり開示すべき重要な不備の存在について両者が合意していないことになる。そこで，監査人は不適正となった理由のなかで開示すべき重要な不備について言及することになる。しかしながら，それでもなお，評価手続が実施されず，評価範囲の制約とされた内部統制のなかにも別の開示すべき重要な不備が存在する可能性がある。それゆえ，内部統制監査報告書において不適正となった理由とともに範囲限定の状況を記載する必要があるのである[28]。

5　意見不表明

　監査人は，重要な監査手続を実施できなかったこと等により，内部統制報告
書全体に対する意見表明のための基礎を得ることができなかったときは，意見
を表明してはならない。この場合には，別に区分を設けて，内部統制報告書に
対する意見を表明しない旨及びその理由を記載しなければならない（内部統制
基準Ⅲ・4（5）②）。

　経営者が内部統制報告書において「重要な評価手続が実施できなかったた
め，財務報告に係る内部統制の評価結果を表明できない旨並びに実施できな
かった評価手続及びその理由」（内部統制基準Ⅱ・4（5）④）を記載している場合
は，監査人にとって監査対象そのものが存在しないことになり，重要な評価手
続を実施できなかった理由が「やむを得ない事情」によるものであるかどうか
にかかわらず，当然に意見不表明となる。

　また，経営者が内部統制報告書において「評価手続の一部が実施できなかっ
たが，財務報告に係る内部統制は有効である旨並びに実施できなかった評価手
続及びその理由」（内部統制基準Ⅱ・4（5）②）を記載している場合で，評価手続
の一部を実施できなかった理由が「やむを得ない事情」によるものと認められ
ないときは，監査人は，重要な監査手続を実施できない可能性もあるため，そ
の影響に応じて，意見不表明とするか又は監査範囲に関する除外事項を付すか
を慎重に検討しなければならない（82号・271）。

　なお，「やむを得ない事情」により内部統制の評価ができなかった範囲の影
響が内部統制報告書に対する意見を表明できないほどに重要であると判断した
際には，やむを得ない事情に正当な理由がある場合であっても，監査人は意見
を表明してはならない（82号・266）。

　ところで，内部統制監査報告書において監査人が意見表明をしてはならない
が，追記情報の記載を求められるケースがある。これは，我が国の内部統制監
査が財務報告に係る内部統制の有効性ではなく，内部統制報告書の適正性を意
見表明の対象とする制度上の枠組みを採用していることによるものである。

　具体的に言えば以下のようなケースである[29]。経営者は，内部統制報告書

において，評価手続の一部が実施できなかったものの，当該評価範囲の制約に
よる影響は限定的であり，全体として評価結果を表明するに足る証拠が得られ
たとして，「開示すべき重要な不備があり，財務報告に係る内部統制は有効で
ない旨，並びにその開示すべき重要な不備の内容及びそれが事業年度末日まで
に是正されない理由」を記載している。これに対して監査人は，評価範囲の制
約とされた当該内部統制の財務報告の信頼性に及ぼす影響は重要であり，重要
な監査手続を実施できなかったことにより，内部統制報告書に対する意見表明
のための基礎を得ることができなかったと結論付けた。本ケースの場合，経営
者による開示すべき重要な不備に係る記載が適切であるときでも，監査人は意
見を表明してはならない。そして，監査人は，内部統制監査報告書において，
意見を表明しない旨及びその理由，並びに強調事項として内部統制報告書に開
示すべき重要な不備の記載がある旨及び当該開示すべき重要な不備が財務諸表
監査に及ぼす影響について記載する（82号・270）。つまり，内部統制報告書に
対する意見表明のための基礎を得ることができなかったために，内部統制報告
書に対する意見は表明しないが，経営者が評価した範囲で発見した内部統制の
開示すべき重要な不備についての，経営者による記載が適切である場合には，
追記情報として内部統制監査報告書に重ねてそれを記載するとともに，当該開
示すべき重要な不備が財務諸表監査に及ぼす影響について追記情報として記載
するのである。

　そもそも，財務報告に係る内部統制に関して１つでも開示すべき重要な不備
が存在していれば，「財務報告に係る内部統制は有効でない」と結論付けられ
るはずである[30]。したがって，本ケースのように，経営者が開示すべき重要
な不備の内容等を適切に記載した上で「財務報告に係る内部統制は有効でな
い」と結論付けている限り，内部統制報告書の適正性に対して無限定適正意見
を表明してもよいのではないかとも考えられる。

　しかしながら，本ケースを意見不表明として取り扱わねばならないのは，以
下の理由によるものと考えられる。経営者は，確かに，自分が特定した開示す
べき重要な不備の内容等を適切に記載した上で「財務報告に係る内部統制は有

効でない」と結論付けている。しかし，監査人は評価範囲の制約とされ，評価範囲に含められなかった内部統制の財務報告の信頼性に及ぼす影響は重要であると判断している。そうすると，評価手続が実施されず，評価範囲の制約とされた内部統制のなかにも開示すべき重要な不備が存在する可能性がある。仮に開示すべき重要な不備が存在するとしても，当然とはいえ，その未発見の開示すべき重要な不備が財務諸表監査に及ぼす影響について監査人は予測できない。

　そもそも，監査人は，内部統制監査報告書において，「開示すべき重要な不備があり，内部統制は有効でない」とのメッセージを間接的に投資者に伝える役割だけでなく，開示すべき重要な不備がある旨及び当該開示すべき重要な不備が財務諸表監査に及ぼす影響を追記情報として投資者に伝える役割をも担っていると言える。本ケースの場合，監査人は，監査範囲の重要な制約のため後者の役割を果たすことができず，当該役割に伴う責任を負うことができない。したがって，本ケースの場合，意見不表明とならざるを得ないと言える。

IV　追記情報の果たす役割の重要性

1　監査意見が発するメッセージの複雑さ

　これまで述べてきたように，我が国の内部統制監査は，監査人に対して財務報告に係る内部統制の有効性ではなく，内部統制報告書の適正性（適正表示）に対する意見表明を求めている。しかしながら，財務諸表監査報告書における監査意見に比べると，内部統制監査報告書で表明される監査意見は，論理的に考えて，投資者に対して明確なメッセージを発信できない。なぜなら，財務諸表監査報告書における意見表明の対象が投資者の意思決定にとって重要な資料である財務諸表それ自体であるのに対して，内部統制監査報告書におけるそれが投資者の本来の関心事である財務報告の信頼性ではなく，財務報告に係る内部統制の有効性でもない，経営者が当該内部統制を評価した結果等に関する情報であるからである。

　財務報告に係る内部統制に開示すべき重要な不備があり有効でない，との結論を含め，経営者が内部統制報告書において行った記載がすべて適切である場合，監査人は，内部統制監査報告書において無限定適正意見を表明する。この場合，監査人は，「内部統制に開示すべき重要な不備があり有効でない」とする経営者の言明の信頼性を保証することを通して，投資者に対して間接的に内部統制の有効性に関する否定的なメッセージを発信しているのである。投資者はこのメッセージのもつ意味をどのように解釈すればよいのであろうか。

　監査人が意見不表明によって発信するメッセージにも，投資者の立場からすると理解が容易ではない場合がある。例えば，内部統制報告書全体に対する意見表明のための基礎を得ることができなかったために，内部統制報告書に対する意見は表明しないが，経営者が評価した範囲で発見した内部統制の開示すべき重要な不備についての，経営者による記載が適切である場合である。この場合，監査人は，内部統制監査報告書において意見を表明しない旨及びその理由を記載する。しかし，内部統制に開示すべき重要な不備があるのは事実であるし，1つでも開示すべき重要な不備があれば，内部統制報告書において「財務報告に係る内部統制は有効でない」との結論を導くことは可能なはずである。投資者が，この場合の意見不表明とする監査人のメッセージの意味をそれだけで理解するのは困難である。

2　追記情報の果たす役割

　我が国の内部統制監査において，上記のような無限定適正意見や意見不表明が発信するメッセージの不十分さを補っているのは，実質上，追記情報であると考えられる。ここでは，上述の，無限定適正意見が表明されるケースと意見不表明が発信されるケースに分けて，内部統制監査報告書において追記情報が果たす役割について論じることにしたい。

（1）無限定適正意見のケース

　まず，上述の無限定適正意見が表明されるケースでは，内部統制監査報告書

において追記情報として，内部統制に開示すべき重要な不備がある旨及びそれが財務諸表監査に及ぼす影響を記載する。内部統制監査報告書において内部統制に開示すべき重要な不備の存在する旨を伝達することは，無限定適正意見のもつ意味を投資者が誤解しないようにする働きがある。つまり，当該追記情報（強調事項）は，この場合の無限定適正意見が「財務報告に係る内部統制に開示すべき重要な不備はなく有効である」とするメッセージではなく[31]，「財務報告に係る内部統制に開示すべき重要な不備があり有効でない」なる経営者の言明の信頼性を保証しているというメッセージを伝達することを，投資者に対して明確にしているのである。

　他方で，開示すべき重要な不備が財務諸表監査に及ぼす影響を追記情報として記載する意味を理解するためには，内部統制監査と財務諸表監査との間の関係性について確認しておく必要がある。内部統制報告書は，財務報告に係る内部統制を経営者が評価した結果等を記載した報告書である。内部統制監査はこの内部統制報告書の情報としての信頼性を保証することを目的としているが，それは，つまるところ，内部統制報告書が写像している財務報告に係る内部統制の有効性を間接的に保証することを目的としていることになる。財務報告に係る内部統制は，財務報告の信頼性を確保するための内部統制であるから，結局，内部統制監査の目的は，財務諸表監査の対象である財務報告の信頼性を保証することになり，それゆえ，内部統制監査は財務諸表監査の大前提となる監査という位置付けがなされる[32]。そうすると，情報としての内部統制報告書の信頼性を保証することもさることながら，内部統制の開示すべき重要な不備の具体的な内容と併せてそれが財務諸表監査（財務諸表に対する監査意見）に及ぼす影響を追記情報として記載することが，財務諸表監査の受益者である投資者にとって非常に重要であると考えられるのである。

（2）意見不表明のケース

　次に，上述の意見不表明のケースでは，内部統制監査報告書において追記情報として，内部統制報告書に開示すべき重要な不備の記載がある旨及び当該開

示すべき重要な不備が財務諸表監査に及ぼす影響について記載する。この場合，監査人は，「監査人の意見」の区分において，内部統制報告書に対して「意見を表明しない」とのメッセージを記載している。ところが，経営者は，内部統制報告書において開示すべき重要な不備が内部統制に存在することを明らかにしている。内部統制に開示すべき重要な不備が１つでもあれば，内部統制は有効であると言えなくなる。投資者はそのことを知っている。にもかかわらず，なぜ監査人は意見を表明しないのか。それは，評価手続が実施されず，評価範囲の制約とされた内部統制のなかにも開示すべき重要な不備が存在する可能性があると監査人が判断しているからである。

　仮に，内部統制監査と財務諸表監査との間に何ら関係性が存在しないのであれば，「監査人の意見」の区分において「意見を表明しない」との記載をすることでこと足りる。しかしながら，内部統制監査は財務諸表監査の大前提となる監査である。財務諸表監査の受益者である投資者にとっては，経営者がその存在を認めている内部統制の開示すべき重要な不備が財務諸表監査（財務諸表に対する監査意見）に及ぼす影響を知りたいと思うのは自然であろう。このような投資者の情報ニーズに応えるのが追記情報なのである。

V　むすび

　追記情報が内部統制監査報告書において果たす役割を，具体的なケースを挙げながら，内部統制監査と財務諸表監査の関係性より論じ，その重要性を強調してきた。追記情報が内部統制監査報告書においてこのような重要な役割を担うことになった要因は，我が国の内部統制監査制度がダイレクト・レポーティングを採用せず，財務諸表監査と同じ情報監査の枠組みを選択したことにある。

　しかしながら，内部統制監査報告書の「監査人の責任」の区分に記載されるように，内部統制監査を実施した監査人の責任は，本来，独立の立場から内部統制報告書に対する意見を表明することにある。つまり，内部統制監査におけ

る監査人の責任は，内部統制報告書に対する意見表明を通して，内部統制報告書の信頼性を保証することにより果たされるものである。一方，追記情報は，本来，監査人からの情報として内部統制報告書の利用者に提供されるものであり，内部統制報告書に記載されていない情報を監査人が経営者に代わって提供することを予定するものではない。それゆえ，監査人は，内部統制監査報告書で追記情報を記載する場合には，それを意見の表明とは明確に区別しなければならない[33]。

　監査人の責任と表裏の関係にある監査意見[34]がもつ意味の重さや，追記情報が本来負うべき役割を鑑みれば，我が国の内部統制監査制度が内部統制監査報告書において追記情報に負わせようとする役割は，非常に重いものと言わざるを得ない。本来，監査人の責任は監査意見を表明することにあり，内部統制監査報告書の中心は内部統制報告書の適正性に対する監査人の意見である。にもかかわらず，監査意見だけでは投資者にとって重要なメッセージを伝達することができず，追記情報を記載することではじめて，内部統制監査報告書が全体として投資者のニーズに応える情報を提供することができるのである。このことは，内部統制監査が財務諸表監査の前提となる監査であること，換言すれば，内部統制監査が財務諸表監査を下支えする役割を果たすものであることに起因していると考えられる。投資者は，内部統制監査のこのような役割に留意した上で，内部統制監査報告書で表明される監査意見のもつ意味，そして追記情報のもつ意味を理解しなければならない。また，制度設計者あるいは実務指針の作成者には，財務諸表利用者である投資者に対して，暗黙の裡にではなく，より明確な形で追記情報の果たす役割を知らしめること，つまりそれを啓蒙することが求められる[35]。

【注】

1）これに対して，財務報告に係る内部統制の有効性それ自体を意見表明の対象とし，当該監査意見を監査報告書で報告することは，我が国では一般にダイレクト・レポーティングとよばれている。アメリカでは，2007年6月の監査基準の改訂によりダイレクト・レポーティングへの一本化がなされている（PCAOB［2007a］）。アメリカの内部統制監査がダイ

レクト・レポーティングへ一本化された背景や理由については，井上 ［2009］ を参照され
たい。

2）本章で主として検討の対象とするのは，「財務報告に係る内部統制の評価及び監査の基準
並びに財務報告に係る内部統制の評価及び監査に関する実施基準の改訂について（意見
書）」（企業会計審議会 ［2019］）と，これを実務に適用していく際の指針として日本公認
会計士協会監査・保証実務委員会が公表している監査・保証実務委員会報告第 82 号「財
務報告に係る内部統制の監査に関する実務上の取扱い」（日本公認会計士協会監査・保証
実務委員会 ［2020］。以下「82 号」という）である。なお，前者については，「財務報告に
係る内部統制の評価及び監査の基準」を「内部統制基準」，「財務報告に係る内部統制の評
価及び監査の実施基準」を「内部統制実施基準」と略称する。

3）利害関係に関する記載を含めると 5 つに区分されることになる。

4）これに対して，財務諸表監査報告書に記載される追記情報の性格やその取扱いについて，
2002 年改訂の『監査基準』（企業会計審議会 ［2002］）の前文（三・9 (3)）は次のように
説明している。「本来，意見表明に関する監査人の責任は自らの意見を通しての保証の枠
組みのなかで果たされるべきものであり，その枠組みから外れる事項は監査人の意見とは
明確に区別することが必要である。このように考え方を整理した上で，財務諸表の表示に
関して適正であると判断し，なおもその判断に関して説明を付す必要がある事項や財務諸
表の記載について強調する必要がある事項を監査報告書で情報として追記する場合には，
意見表明とは明確に区分し，監査人からの情報として追記するものとした。」

5）利害関係に関する記載を含めると 6 つに区分されることになる。

6）以下は，内部統制基準Ⅲ・4 (3) による。

7）ここにおける「監査役等」は，「監査役，監査役会，監査等委員会又は監査委員会」を指
す（内部統制基準Ⅰ・2 (1) ④）。

8）鳥羽 ［2009］ は，内部統制監査が二重責任の原則を前提としていることの重要性を次の
ように説いている（なお，鳥羽 ［2009］ は，内部統制監査を「内部統制報告書監査」と称
している）。「というのは，内部統制報告書の作成を経営者に求めることは，内部統制シス
テムの整備と運用に対する基本的な責任がまず経営者にあることを認識させることになる
からである。経営者による内部統制報告書の作成は，内部統制システムの確立に向けた経
営者側の積極的な取り組みを前提とする。経営者による内部統制システムの構築なしに，
経営者による内部統制の評価はない。経営者による内部統制の評価なくして，内部統制報
告書の作成はない。そして，内部統制報告書の作成なしに，公認会計士による内部統制報
告書の監査はない。かくして，内部統制報告制度は，経営者による真剣な内部統制システ
ムの構築から開始されるのである。」（鳥羽 ［2009］，95 ～ 96 頁。）

9）内部統制監査報告書は，すぐ下で述べるように，除外事項の有無，除外事項が存在する
　　際にはその性格とそれが内部統制報告書に及ぼす（あるいは及ぼす可能性のある）影響に
　　より，そこで表明される意見の種類が変化する。ここでは，そういった変化の有様を捉え
　　て「移行形態」と称している。森［1999］の第13章を参照されたい。

10）後述するように，限定付適正意見には，意見に関する除外事項を付した限定付適正意見
　　と，監査範囲の制約に関する除外事項を付した限定付適正意見の2つのタイプがある。

11）監査範囲の制約に関する除外事項については後述する。

12）ここで「結論」とは，「財務報告に係る内部統制は有効である」または「財務報告に係る
　　内部統制は有効でない」のいずれかを指す。

13）監査人が妥当と考える評価範囲に対して，妥当と考える評価手続を実施した結果として
　　得られるはずの評価結果等を指す。

14）82号は，「・・・，財務諸表監査に及ぼす影響とは，財務諸表に対する監査意見に及ぼす影
　　響であることに留意する。」（82号・259（1））としている。

15）ここでは，開示すべき重要な不備及びそれが是正されない理由が内部統制報告書におい
　　て適切に記載されていることが前提となっている。82号は，このケースにおいて監査報告
　　書に記載される事項が追記情報のうちの強調事項であることを主張している（82号・273
　　②）。強調事項とは，監査人が「内部統制報告書の記載について強調することが適当と判
　　断した事項」（82号・258）である。開示すべき重要な不備の内容については，内部統制報
　　告書にすでに適切に記載されていることの強調のために繰返して内部統制監査報告書に記
　　載する，という意味で強調事項の性格を有するものと思われる。しかしながら，開示すべ
　　き重要な不備が財務諸表監査に及ぼす影響については，当然とはいえ，内部統制報告書に
　　記載されているわけではない。これを強調事項として整理することは疑問なしとしない。

16）82号は，「やむを得ない事情」の例として，「・他企業を合併又は買収し，被合併会社や
　　被買収会社の規模や事業の複雑性を考慮すると，内部統制評価には相当の準備期間が必要
　　であり，当該年度の決算が取締役会の承認を受けるまでの期間に評価が完了しないことに
　　合理性がある場合・大規模なシステム変更」等（82号・263）を挙げている。なお，やむ
　　を得ない事情が存在することにより評価結果を表明できないケースについては後述する。

17）実務指針（82号・257）は，内部統制報告書において，財務報告に係る内部統制の評価
　　範囲，評価手続及び評価結果，並びに付記事項等のうちで重要な点につき「記載が適切で
　　ないもの」が除外事項となると説明している。これに対して，内部統制基準（Ⅲ・4（4）
　　①）は，内部統制報告書において，「経営者が決定した」評価範囲，評価手続及び評価結
　　果に関して「不適切なもの」が除外事項となると説明している。前者は，後者に比して，
　　内部統制監査を情報監査と捉える立場をより強調しているものと思われる。以下では，実

務指針（82号）の規定を中心に，意見に関する除外事項を付した限定付適正意見が表明される
れるケースについて考察する。

18）つまり，経営者が決定した評価範囲について，監査人がそれを妥当ではないと判断し，
かつ経営者が監査人の判断に合意しない状況である。

19）理論上，経営者が実施した評価手続の一部が不適切であると監査人が判断した場合と，
経営者が実施した評価手続の一部について事実とは異なる記載がなされていると監査人が
判断した場合の，2つのケースが想定可能である。

20）経営者が評価結果を表明できない場合を除く。なお，財務報告に係る内部統制の評価結
果の表明には，以下の方法がある（内部統制基準Ⅱ・4 (5)）。①財務報告に係る内部統制
は有効である旨，②評価手続の一部が実施できなかったが，財務報告に係る内部統制は有
効である旨並びに実施できなかった評価手続及びその理由，③開示すべき重要な不備があ
り，財務報告に係る内部統制は有効でない旨並びにその開示すべき重要な不備の内容及び
それが是正されない理由，④重要な評価手続が実施できなかったため，財務報告に係る内
部統制の評価結果を表明できない旨並びに実施できなかった評価手続及びその理由。

21）理論上，経営者が決定した評価結果の一部が不適切であると監査人が判断した場合と，
経営者が決定した評価結果の一部について事実と異なる記載がなされていると監査人が判
断した場合の，2つのケースが想定可能である。

22）内部統制基準及び内部統制実施基準並びに実務指針（82号）において，付記事項の内容
が不適切な場合以外に，意見に関する除外事項を付した限定付適正意見が表明されるケー
スは例示されていない。財務諸表監査報告書における監査意見の移行形態と平仄を合わせ
るために，制度上起こり得る形態として，内部統制監査報告書において表明される監査意
見のタイプに意見に関する除外事項を付した限定付適正意見を含めたものと思われる。

23）この場合については，不適正意見のところで説明する。

24）82号の付録3 (8)（［文例8］）を参照のこと。

25）上記の［文例8］では強調事項として示されているが，注15で述べたように当該記載事
項を強調事項として整理することについては疑問なしとしない。

26）82号の付録3 (4)（［文例4］）を参照のこと。

27）このことによって，内部統制監査における二重責任の原則が遵守されることになる。

28）評価手続が実施されず，評価範囲の制約とされた内部統制の中に開示すべき重要な不備
が存在したとしても，監査人はそれについて責任を負わないとの姿勢を示すものと考えら
れる。

29）82号の付録3の［文例7］に例示されているケースである。

30）「「財務報告に係る内部統制が有効である」とは，当該内部統制が適切な内部統制の枠組

みに準拠して整備及び運用されており，当該内部統制に開示すべき重要な不備がないこと
をいう。」（内部統制基準Ⅱ・1（3），下線は引用者）この規定を反対によめば，開示すべ
き重要な不備が存在すれば「財務報告に係る内部統制は有効でない」と経営者は結論づけ
て良いはずである。しかしながら，以降で述べるように，そうとはいかない場合があるの
である。

31）ダイレクト・レポーティングの場合，無限定適正意見は，「財務報告に係る内部統制が有
効である」とする監査人の意見を表明する以外の何物でもない。

32）八田［2006］，137頁。

33）財務諸表監査報告書における追記情報と同様の性格を有することになる。

34）森［1999］は，財務諸表監査の監査報告書について，「監査報告書は，監査人の財務諸表
に対する意見を表明する手段であるとともに，監査人が監査においてひきうける責任を明
確に示す手段ともなる。すなわち，監査人の意見表明は，その反面において監査人に責任
を生じさせるからである。このような監査における意見表明と責任表示とは，監査報告書
において表裏一体的な構造になっている。」（森［1999］，161頁）と説明している。この説
明は，内部統制監査報告書についてもそのまま当てはまると言えよう。

35）例えば，注15で指摘したように，開示すべき重要な不備が財務諸表監査に及ぼす影響を
追記情報のうちの「強調事項」として整理している実務指針（82号）の姿勢は，当該情報
を内部統制監査報告書に記載する意義を曖昧なものとしてしまう危険性を孕んでいると考
えられる。

───── 終　章 ─────

内部統制監査のあるべき姿に向けた提言

I　はじめに

　序章において，財務報告に係る内部統制に関する経営者による評価及び監査人による監査の基準に組み込まれた評価・監査に係るコスト負担の軽減策が我が国の内部統制監査の特質を決定付ける主たる要因となった，と同時に，それは我が国の内部統制監査に，監査理論上及び監査実践上，看過することのできない課題を突き付けることになった，と説明した。

　本章では，まず，前章までの考察と検討の結果を踏まえ，コスト負担軽減のための3つの方策，すなわち，「ダイレクト・レポーティングの不採用」・「トップダウン型のリスク・アプローチの活用」・「内部統制監査と財務諸表監査の一体的実施」がいかなる意味において我が国の内部統制監査の特質を決定付けたのかについて，改めて整理した形で示すことにしたい。

　それに引き続き，本書の終章として，前章までの考察と検討の結果を踏まえた上で，これら3つの方策が惹起した課題を解決するための処方箋を示すべく，我が国の内部統制監査のあるべき姿に向けて提言を行うこととする。

II　日本型内部統制監査の特質の意味内容

1　ダイレクト・レポーティングの不採用

　我が国の内部統制監査はダイレクト・レポーティングを採用していない。すなわち，内部統制監査において監査人は，企業の財務報告に係る内部統制の有効性それ自体について意見を表明しない。我が国の内部統制監査にあって，監

査人は，独立の立場からの内部統制報告書の適正性（適正表示）に関する意見
の表明を通して，内部統制報告書の信頼性を保証する役割を担う。内部統制監
査が財務諸表監査と同様に情報監査の枠組みで実施されること，このことが我
が国の内部統制監査を特徴付ける，おそらくは最も重要な性質と言える。ま
た，内部統制監査が内部統制報告書監査という形態をとることで，内部統制監
査報告書が，監査意見の種類とそれが表明される状況により，財務諸表監査の
監査意見と相即不離の関係となること，これも，ダイレクト・レポーティング
の不採用がもたらした我が国の内部統制監査の特質と言える。

2　トップダウン型のリスク・アプローチの活用

　我が国の内部統制報告制度において，経営者は財務報告に係る内部統制の有
効性を評価するに当たり，トップダウン型のリスク・アプローチを活用する。
トップダウン型のリスク・アプローチでは，経営者は，財務報告に係る内部統
制の評価に当たって，連結ベースでの財務報告全体に重要な影響を及ぼす内部
統制（＝「全社的な内部統制」）の評価を行った上で，その結果を踏まえて，業務
プロセスに組み込まれ一体となって遂行される内部統制（＝「業務プロセスに係
る内部統制」）を評価する。本アプローチを採用することで，全社的な内部統制
の評価は，経営者による内部統制の有効性評価のプロセスにおいて重要な位置
を占めることになる。全社的な内部統制の評価に当たり，経営者には，組織の
内外で発生するリスクに関して経営者自身が下した評価，経営者自身が下した
種々の経営判断の妥当性に関する評価，経営者を規律する仕組みであるガバナ
ンス機能の充分性の評価等，リスク評価を基礎に自己評価を中核とする極めて
主観的な判断が求められる。
　ダイレクト・レポーティングを採用しない我が国の内部統制監査にあって
は，監査人は経営者による内部統制の評価結果を監査対象とする。それゆえ，
全社的な内部統制の評価が経営者による内部統制の有効性評価のプロセスで重
要な位置を占めることに対応して，監査人による全社的な内部統制の評価の妥
当性の検討は，内部統制監査において重要な位置を占めることになる。また，

監査人には，上で示した経営者による主観的な判断や評価の妥当性を評価することが求められる。ダイレクト・レポーティング不採用の下では，監査人による内部統制監査の出発点となるのは，経営者による内部統制の評価結果である。トップダウン型のリスク・アプローチを採用する場合，経営者による全社的な内部統制の評価結果がその端緒となる。

リスク評価を基礎に自己評価を中核とする経営者による主観的な判断の妥当性を監査人が評価しなければならないこと，また，当該評価が内部統制監査の出発点であると同時にその成否の鍵を握る重要な位置を占めていること，以上のことも，また，我が国の内部統制監査の特質と言える。

3　内部統制監査と財務諸表監査の一体的実施

財務報告に係る内部統制の評価・検証に係るコスト負担の軽減策として，財務報告に係る内部統制の評価結果に対する検証と財務諸表監査の一体的実施が採用された。ところが，財務諸表監査との一体的実施の要請は，内部統制の有効性の評価結果に対する検証の水準を「監査」の水準とせざるを得ないという結果を招来した。

しかしながら，視点を変えると，内部統制監査が「監査」の保証水準を維持するためには，財務諸表監査と一体として実施され，財務諸表監査の過程で得られた監査証拠を有効的に利用する必要がある。また，反対に，内部統制監査の過程で得られた証拠を財務諸表監査の内部統制の評価に係る証拠として利用することで，財務諸表監査の深度ある効率的実施を図ることも求められる。ダイレクト・レポーティング不採用の下では，監査人の手続の範囲や時期が経営者の評価の範囲や手続に依存する傾向にある。それゆえ，内部統制監査と財務諸表監査の一体的実施は，ダイレクト・レポーティングを採用する場合に比してより大きな意義を有する。内部統制監査と財務諸表監査の一体的実施の下で，内部統制監査の「監査」としての保証水準を確保するために，また，財務諸表監査の深度ある効率的実施を実現させるために，両監査の有機的結合を図る必要性があること，これもまた，我が国の内部統制監査の特質と言える。

III　我が国の内部統制監査のあるべき姿に向けた提言

1　内部統制監査の保証業務としての構成要件の整備

　内部統制監査は法律（金融商品取引法）による規制の対象となる保証業務である。内部統制監査は，保証業務として，保証業務を構成する要素のそれぞれに関して，保証業務意見書が定めた要件に適格である必要がある。

　内部統制実施基準は，保証業務の構成要素のうちの「適合する規準」に相当する。この「適合する規準」には，その要件の冒頭に「目的適合性」が掲げられている。ところが，内部統制実施基準には，この「目的適合性」の要件を満たしていないと考えられる規定が存在する。決算・財務報告に係る業務プロセス以外の業務プロセスに関して，評価対象とする重要な事業拠点を選定する際に適用される規定（内部統制実施基準II・2 (2) ①）がそれである。当該規定は，評価対象とする重要な事業拠点を選定するに際して，全社的な内部統制の評価が良好であれば，本社を含む各事業拠点の売上高等の金額が高い拠点から合算していき，連結ベースの売上高等の概ね2/3程度に達している事業拠点を評価の対象とする，と定めている。本規定は，全社的な内部統制の評価に基づいた業務プロセスに係る内部統制の評価範囲の絞り込みを意図するものであり，コスト負担の軽減策のうちで，「トップダウン型のリスク・アプローチの活用」に由来するものと言える。「適合する規準」の存在は，保証業務としての内部統制監査の実施に際しての前提条件と言えるものである。それゆえ，「トップダウン型のリスク・アプローチの活用」は，監査実施の前提条件に重大な影響を及ぼしていることになる。

　しかしながら，こういった数値例（2/3程度）に特段の理論的根拠があるわけではない。それゆえ，経営者が当該規定に基づいて評価範囲とする事業拠点を選定しても，その決定方法の公正性ないし信頼性を監査人は判断することができない。つまり，監査人は経営者により決定された内部統制の評価範囲の妥当性を適切に判断することができないのである。このことは，内部統制実施基準

が，業務実施者である監査人にとって，「想定利用者による意思決定に役立つ結論（＝監査意見）を導くのに資する規準」たり得ていない，すなわち，「適合する規準」の要件たる「目的適合性」を満足させていないことを意味する。以上のことから，本規定を削除し，評価範囲の決定は経営者自身のリスク評価にもっぱら委ねることを提言する。

　内部統制監査における業務実施者としての監査人には，独立の立場から公正不偏の態度を保持することが最も重視される。つまり，保証業務の業務実施者の要件として，独立性が最も重要である。

　ところが，我が国の内部統制監査を規制する内部統制実施基準には，内部統制監査の指導的機能を重視するあまりに，外観的独立性及び精神的独立性の双方の面で監査人の独立性の確保を困難にさせる危険性を孕んだ規定が存在する。監査人が有効な内部統制の構築等に向けて適切な指摘を行うことを容認する規定（内部統制実施基準Ⅲ・2），内部統制の評価範囲の決定に際して経営者と監査人との間の協議を求める規定（内部統制実施基準Ⅲ・3（2）③），がそれである。前者に関しては，監査人が内部統制の構築に関与することで，内部統制監査が結果として自己監査に陥る危険性がある。後者に関しては，内部統制監査が保証業務の定義に合致しない「合意された手続」とみなされるおそれがある。また，財務報告に係る内部統制を評価する経営者の責任を曖昧にさせる危険性もある。後者が基準に組み込まれる必要があったのは，我が国の内部統制報告制度がコスト負担の軽減策として「ダイレクト・レポーティングの不採用」を選んだことに由来する。ダイレクト・レポーティングを選択した場合には，経営者による内部統制の評価範囲の決定に際して経営者と監査人が協議を行う必要は生じない。監査人は，経営者による評価範囲の決定とは関係なく，自らの判断で評価範囲を決定するからである。このように，「ダイレクト・レポーティングの不採用」は，監査実施の前提条件たる監査人の独立性に重大な影響を及ぼしている。

　これらの規定を，内部統制監査における二重責任の原則，—財務報告に係る内部統制の有効性を評価し，その結果を表明する内部統制報告書を作成する経

営者の責任と，当該内部統制報告書の適正性に対して意見を表明する監査人の責任とを明確に区別することを要請する原則─の観点から，削除すべきことを提言する。二重責任の原則を遵守することは国の内外からの内部統制報告制度に対する信頼性を確保するために極めて重要である。

2　内部統制監査と財務諸表監査の有機的結合の促進

（1）提言の背景

　内部統制監査は財務諸表監査と一体となって実施される。つまり，内部統制監査は，原則として，同一の監査人により，財務諸表監査と一体となって行われる。ここに言う「同一の監査人」とは，監査事務所のみならず，業務執行社員も同一であることを意味している。その結果として，内部統制監査及び財務諸表監査で得られた監査証拠は，双方で利用することが可能となり，効果的かつ効率的な監査の実施が期待できる。我が国の内部統制監査を規制する内部統制基準及び内部統制実施基準は，内部統制監査が財務諸表監査と一体となって実施されることの意義をこのように説明している（内部統制基準Ⅲ・2及び内部統制実施基準Ⅲ・2）。「内部統制監査と財務諸表監査の一体的実施」は，元来，内部統制監査を実施する監査人の側のコスト負担の軽減策として採用されたものである。しかし，その結果として，内部統制監査と財務諸表監査との間の関係性を明らかにすることが重要な課題となった。両監査の一体的実施の実効性を確保するためには，まえもって相互の関係性を明確にすることが不可欠であるからである。

　しかしながら，内部統制基準及び内部統制実施基準は，両監査で得られた証拠が双方でどのような形で利用されるかについて，その具体的な内容についてほとんど言及していない。そこで，ここでは，財務諸表監査の過程で得られた監査証拠を内部統制監査の監査証拠として利用することで，また，内部統制監査の過程で得られた監査証拠を財務諸表監査の内部統制評価における監査証拠として利用することで，内部統制監査と財務諸表監査の有機的結合を実現させる方法ないし基本的思考について，提言を行いたい。

　内部統制監査は，大別すると，経営者による全社的な内部統制の評価の妥当性の検討と業務プロセスに係る内部統制の評価の妥当性の検討の２つの段階で構成される。まず，内部統制監査における全社的な内部統制の評価の妥当性の検討と財務諸表監査における内部統制の評価との間の有機的結合のあり方について，提言を行う。

（２）全社的な内部統制の評価の妥当性の検討における有機的結合のあり方

　経営者による財務報告に係る内部統制の評価は，元来，自らが責任を負う内部統制の整備及び運用の有効性に対する評価，つまり，自己評価の性格を有している。そのなかで，全社的な内部統制の有効性の評価は，組織の内外で発生するリスク等（事業上のリスク等）について，リスク評価のための仕組みを設け，リスクを分析・評価（再評価）し，かつそれに対処する点で，経営者自身の判断や意思決定が財務報告の信頼性の確保という観点から，合理的ないし妥当であったかどうかの評価（自己評価）であると言える。さらに，経営者は，全社的な内部統制の評価に際して，取締役会の監督機能や監査役等の監視機能の充分性ないし有効性の評価が求められている。つまり，本来，経営者を規律する仕組みであるガバナンスの機能を経営者自身に評価させるのである。

　監査人は，経営者による全社的な内部統制の評価の妥当性を検討しなければならない。経営者による全社的な内部統制の評価は，上でみたように，リスク評価を基礎に自己評価を中核とする極めて主観的な判断を伴う評価である。監査人は，内部統制監査において，経営者による主観的評価の妥当性を検討しなければならないのである。しかしながら，内部統制監査は財務諸表監査と一体となって実施される。監査人は，財務諸表監査の内部統制の評価で得られた監査証拠を，経営者による全社的な内部統制の評価の妥当性の検討に際して活用することができるのである。

　それを可能にしているのが，財務諸表監査と内部統制監査との間の共通する主題の存在である。すなわち，「経営者が財務諸表の重要な虚偽表示をもたらす可能性のある事業上のリスク等をどのように識別・評価し，それに対処した

のか，その適否ないし良否」，及び「経営者に対するガバナンス機能の充分性」がそれである。財務諸表監査では，リスク評価手続に際して，内部統制の構成要素である「統制環境」や「企業のリスク評価プロセス」の理解の一環として，当該主題に関する評価が財務諸表監査の監査人として要求される。他方，内部統制監査では，まず，全社的な内部統制の評価として経営者により当該主題の評価が自己評価としてなされる。監査人は，内部統制監査の監査人として，経営者による評価の妥当性の検討という文脈において，当該主題に関する評価が求められることになる。

　もちろん，内部統制監査の監査人と財務諸表監査の監査人とは，「同一の監査人」である。財務諸表監査の内部統制の評価で得られた監査証拠を内部統制監査の監査証拠として利用する素地はととのっている。両監査には共通の主題が存在するからである。しかも，財務諸表監査では，内部統制監査の場合と異なり，経営者による評価範囲・評価手続・評価結果を考慮する必要はないはずである。内部統制監査における全社的な内部統制の評価の妥当性の検討に関して，その実効性を高めるためには，財務諸表監査における内部統制の評価で得られた監査証拠を積極的に活用することが肝要となる。このように，内部統制監査と財務諸表監査との間の一体的実施を所与の条件とする場合，内部統制監査と財務諸表監査との間の関係性（この場合は共通の主題の存在）を認識することが，内部統制監査の実効性を確保する上で肝要となる。

　もっとも，ここで提言する内部統制監査と財務諸表監査の有機的結合が真に実のあるものとなるには，財務諸表監査において事業上のリスク等を重視したリスク・アプローチが実効性あるものとなっていることが前提である。その意味で，内部統制監査は財務諸表監査に負うところが大きいと言える。

（3）業務プロセスに係る内部統制の評価の妥当性の検討における有機的結合
　　のあり方
　続いて，内部統制監査のプロセスのうち，経営者による業務プロセスに係る内部統制の評価の妥当性の検討に目を移す。業務プロセスに係る内部統制の評

価の妥当性を検討する際にも，財務諸表監査における内部統制の評価で得られ
た監査証拠を利用する素地はととのっていると言える。そのことは，内部統制
監査における業務プロセスに係る内部統制の評価の妥当性の検討と財務諸表監
査における内部統制の評価との間の関係性を，各々の監査対象・監査手続・監
査目的の観点から探ることにより明らかとなる。

　まず，評価の対象となる内部統制に関しては，両者ともその整備状況及び運
用状況を評価する内部統制は，アサーション・レベルの重要な虚偽表示を防止
又は発見・是正する内部統制である。つまり，内部統制監査（以下，ここでは業
務プロセスに係る内部統制の評価の妥当性の検討の段階を指す）と財務諸表監査とで
は，評価の対象とする内部統制は同一の性質を有している。

　次に，両監査で利用される監査手続（内部統制評価のための手続）については，
結論を先に言えば，両監査で実施される監査手続に大差はなく，類似している
と言える。内部統制の整備状況の評価では，両監査とも，企業担当者への質
問，特定の内部統制の適用状況の観察，文書や報告書の閲覧，ウォークスルー
等の監査手続が用いられる。あえて相違点を挙げるならば，内部統制監査の場
合，経営者による内部統制の整備状況に関する記録を閲覧することが手続の出
発点となるところである。当然とはいえ，内部統制監査の対象は経営者による
記録に限定されるわけではない。他方，内部統制の運用状況の評価に関して
は，財務諸表監査の運用評価手続では，内部統制の整備状況の評価で利用され
る質問・観察・閲覧に加えて内部統制の再実施が監査手続として実施される。
内部統制監査において利用される監査手続もこれと大きく異なるところはな
い。ただし，経営者による内部統制の運用状況に関する記録をその出発点とす
るところ，また，評価の対象とする内部統制の実施状況に自己点検の状況が含
まれる点が異なる。もちろん，内部統制監査の対象はこれらの記録や状況に限
定されない。

　最後に，両監査の目的相互の関係性について言及する。これも，結論を先に
述べるならば，2つの監査における内部統制評価の目的は互いに連結してい
る，つまり，そこに連続性を観て取ることができる。上で述べたように，両監

査ともに，アサーション・レベルの重要な虚偽表示を防止又は発見・是正する
内部統制を評価の対象としている。内部統制の整備状況及び運用状況を評価す
るために実施する監査手続は相互に類似している。それゆえ，内部統制監査に
おける内部統制の評価方法や結果を，財務諸表監査の内部統制の有効性の評価
に活用することができる。また，反対に，財務諸表監査における内部統制の評
価方法や結果を，内部統制監査における内部統制の有効性の評価に活用するこ
とができる。

　特に，内部統制監査における内部統制の評価では，経営者による内部統制の
評価記録が監査対象となる。これは，財務諸表監査には見られない特徴であ
り，内部統制監査における監査証拠を財務諸表監査で活用できる可能性を切り
開いている。内部統制監査の目的を達成するために実施する監査手続が財務諸
表監査における内部統制評価の目的に資する可能性を示している。つまり，こ
こにおいて 2 つの監査の目的が連続性を帯びることになるのである。

　他方，財務諸表監査で得られた監査証拠が内部統制監査において活用される
可能性がある。財務諸表監査における運用評価手続の結果，依拠しようとする
内部統制からの予想を超える逸脱を発見した場合，監査人は，アサーション・
レベルの重要な虚偽表示リスクの評価の修正を余儀なくされる場合がある。ま
た，実証手続によって関連するアサーションに重要な虚偽表示の存在すること
が明らかになった場合にも，当該アサーションに係る重要な虚偽表示リスクの
評価を修正する必要性が生じる。これらの結果は，一体監査の下では，内部統
制監査における内部統制の有効性の評価にも，当然に影響を及ぼす。このよう
に，財務諸表監査の内部統制の評価の目的（統制リスクないし重要な虚偽表示リス
クの評価）の達成に役立つ監査手続が，内部統制監査の目的の達成に影響を及
ぼすのである。すなわち，財務諸表監査の内部統制評価の目的に影響を及ぼす
監査手続が内部統制監査の目的に資するのである。ここにおいても，2 つの監
査の目的は連続性を帯びている。

　以上みてきたように，内部統制監査と財務諸表監査における内部統制の評価
は，その監査対象は同質で，実施される監査手続は類似し，監査目的は連続性

を帯びている。それゆえ，内部統制監査と財務諸表監査には，その一体的実施を通して有機的結合をする素地が存在するのである。一体監査をこのような基本的思考の下で実施すべきことを提言したい。それにより，2つの監査の有機的結合が促進されるものと考える。

3 内部統制監査報告書における追記情報の役割に関する啓蒙

　我が国の内部統制監査は，財務諸表監査と同様に，情報監査である。すなわち，財務諸表監査において監査人が財務諸表の適正性に対して監査意見を表明するのと同様に，内部統制監査において監査人は内部統制報告書の適正性に対して監査意見を表明する。内部統制監査報告書の中核となるのは，当然とはいえ，この内部統制報告書の適正性に対する監査意見である。

　しかしながら，我が国の内部統制監査を規制する内部統制基準及び内部統制実施基準並びに実務指針は，内部統制監査報告書において追記情報に重要な役割を担わせている。監査意見の種類やそれが表明される状況によっては，追記情報は内部統制監査報告書において，監査意見に勝るとも劣らない極めて重要な役割を果たすことがあるのである。

　例えば，財務報告に係る内部統制に開示すべき重要な不備があり有効でないとの結論を含め，経営者が内部統制報告書において行った記載がすべて適切である場合に，追記情報は内部統制監査報告書において重要な役割を果たすことになる。この場合，監査人は，内部統制監査報告書において無限定適正意見を表明する。また，合わせて，追記情報として，内部統制に開示すべき重要な不備がある旨及びそれが財務諸表監査に及ぼす影響を記載する。内部統制監査報告書において，追記情報として前者を記載し，投資者（＝財務諸表利用者＝内部統制監査報告書利用者。以下同様）に伝達することには，この場合の無限定適正意見のもつ意味を投資者が誤解しないようにする働きがある。つまり，当該追記情報は，この場合の無限定適正意見が「財務報告に係る内部統制に開示すべき重要な不備はなく有効である」とするメッセージではなく，「財務報告に係る内部統制に開示すべき重要な不備があり有効でない」なる経営者の言明の信頼性

終　章　内部統制監査のあるべき姿に向けた提言 ◎────179

を保証しているというメッセージであることを，投資者に対して伝達しているのである。これに対して，追記情報として後者を記載することの意義は，財務諸表監査の受益者でもある投資者に対して，その意思決定に役立つ有益な情報を伝達するところに見いだされる。このことは，内部統制監査を財務諸表監査との関係性を無視してそれのみで理解することが不可能であること，を意味している。

　また，意見不表明が表明される次のケースでは，追記情報の果たす役割はさらに大きくなる。内部統制報告書に対する意見表明の基礎を得ることができなかったために，内部統制報告書に対する意見を表明しないが，経営者が評価した範囲で発見した内部統制の開示すべき重要な不備についての，経営者による記載が適切な場合である。この場合，監査人は，内部統制監査報告書において意見を表明しない旨及びその理由を記載する。また，合わせて，内部統制報告書に開示すべき重要な不備がある旨及び当該開示すべき重要な不備が財務諸表監査に及ぼす影響を追記情報として記載する。ここにおいて，監査人が意見不表明とするのは，意見不表明の原因となった，評価手続が実施されず評価範囲の制約とされた内部統制のなかにも開示すべき重要な不備が存在する可能性があると，監査人が判断しているからである。開示すべき重要な不備は，財務報告に重要な影響を及ぼす可能性が高い財務報告に係る内部統制の不備である。開示すべき重要な不備が存在するならば，その旨とそれが財務諸表監査に及ぼす影響を伝達すべきである。それゆえ，開示すべき重要な不備が内部統制のどこかに存在する可能性があると判断しながらも，それを特定できない場合，監査人は意見を表明できないことになる。このケースも，内部統制監査を財務諸表監査との関係性を無視してそれのみで理解することが不可能であることを，如実に示している。

　内部統制監査と財務諸表監査との間の関係性を投資者に伝達する役割を果たすものが，追記情報である。監査意見の種類やそれが表明される状況によっては，追記情報なしでは，内部統制監査の監査意見の意味を理解することができない。また，監査意見だけでは投資者にとって重要なメッセージを伝達するこ

とができず，追記情報を記載することではじめて，内部統制監査報告書が全体
として投資者のニーズに応える情報を提供することができる。

　内部統制監査報告書において追記情報にかくのごとき重要な役割を担わせる
ことになった原因は，我が国の内部統制監査がダイレクト・レポーティングを
採用しなかったことにある。財務報告に係る内部統制の有効性それ自体を意見
表明の対象とする場合には，内部統制監査報告書における監査意見の意味につ
いて，投資者が混乱することはないであろう。コスト負担の軽減策としての
「ダイレクト・レポーティングの不採用」は，我が国の内部統制監査報告書を
特徴付ける重要な要因であるとともに，監査報告の理解可能性という課題を生
じさせる基となっている。

　暗黙の裡ではなく，より明確な形で追記情報の果たす役割を投資者に知らし
めること，つまりそれを啓蒙することが，監査報告の理解可能性を高めるとい
う観点から制度設計者あるいは実務指針の作成者に要求される。これを内部統
制監査のあるべき姿に向けた提言の1つとしたい。

IV　むすび

　本章は，本書の終章として，前章までの考察と検討の結果を踏まえ，我が国
の内部統制監査の特質を決定づける主たる要因となった，コスト負担軽減のた
めの3つの方策が惹起した課題を解決するための処方箋として，我が国の内部
統制監査のあるべき姿に向けた提言を行った。最後に，ここで行った提言を今
一度整理した形で示すことにする。

　内部統制監査は法律（金融商品取引法）による規制の対象となる保証業務であ
る。内部統制監査は，保証業務として，保証業務を構成する要素のそれぞれに
関して，保証業務意見書が定めた要件に適格である必要がある。この点，我が
国の内部統制監査を規制する内部統制実施基準は，本来，保証業務の構成要素
のうちの「適合する規準」に相当するものであり，この適合する規準に関して
定められた要件に適格である必要がある。しかし，内部統制実施基準には，こ

の「適合する規準」の満たすべき要件のうち「目的適合性」の要件を満たさない規定が存在する。また，内部統制監査における業務実施者としての監査人には，独立の立場から公正不偏の態度を保持することが最も重視される。つまり，保証業務の業務実施者の要件として，独立性が最も重要である。ところが，内部統制実施基準には，内部統制監査の指導的機能を重視するあまりに，外観的独立性及び精神的独立性の双方の面で監査人の独立性の確保を困難にさせる危険性を孕んだ規定が存在する。第１の提言は，これらの規定を内部統制実施基準から削除することで，内部統制監査の保証業務としての構成要件を整備することを求める内容となっている。

　財務諸表監査の過程で得られた監査証拠を内部統制監査の監査証拠として利用することで，また，内部統制監査の過程で得られた監査証拠を財務諸表監査の内部統制評価における監査証拠として利用することで，内部統制監査と財務諸表監査の有機的結合を実現させる方法ないし基本的思考について，全社的な内部統制の評価の妥当性の検討の段階と，業務プロセスに係る内部統制の評価の妥当性の検討の段階に分けて提言を行った。

　全社的な内部統制の評価の妥当性の検討に関しては，財務諸表監査における内部統制の評価（リスク評価手続における内部統制の理解）との間に共通の主題が存在することで，内部統制監査と財務諸表監査を有機的に結合させる素地はととのっていること，ただし，そのためには，財務諸表監査において事業上のリスク等を重視したリスク・アプローチが実効性あるものとなっていることが前提であることを主張した。

　業務プロセスに係る内部統制の評価の妥当性の検討に関しては，内部統制監査と財務諸表監査における内部統制の評価は，その監査対象は同質で，実施する監査手続は類似し，監査目的は連続性を帯びていること，それゆえ，内部統制監査と財務諸表監査は，その一体的実施を通して有機的結合をする素地が存在することを指摘した。そして，２つの監査の有機的結合を促進するためには，一体監査をこのような基本的思考のもとで実施すべきことを提言した。

　我が国の内部統制監査を規制する内部統制基準及び内部統制実施基準並びに

実務指針は，内部統制監査報告書において追記情報に重要な役割を担わせている。監査意見の種類やそれが表明される状況によっては，追記情報は内部統制監査報告書において，監査意見に勝るとも劣らない極めて重要な役割を果たすことがある。

　追記情報は，内部統制監査と財務諸表監査との間の関係性を投資者に伝達する役割を果たす。監査意見の種類やそれが表明される状況によっては，追記情報なしでは，投資者は内部統制監査の監査意見の意味を理解することができない。また，監査意見だけでは投資者にとって重要なメッセージを伝達することができず，追記情報を記載することではじめて，内部統制監査報告書が全体として投資者のニーズに応える情報を提供することができる。暗黙の裡ではなく，より明確な形で追記情報の果たす役割を投資者に知らしめること，つまりそれを啓蒙することが，制度設計者に要求される。これを内部統制監査のあるべき姿に向けた提言の1つとした。

参考文献

池田［2007］　池田唯一「金融商品取引法上のディスクロージャー整備における内部統制報告制度の位置づけ」『企業会計』第 59 巻第 5 号，2007 年 5 月，18 〜 25 頁。

池田他［2007］　池田唯一・八田進二・菅野秀岳・持永勇一・牧野隆一「シリーズ内部統制座談会　内部統制実施基準の公表をめぐって」『会計・監査ジャーナル』第 19 巻第 4 号，2007 年 4 月，11 〜 29 頁。

井上［2006］　井上善弘「わが国における内部統制監査の課題」『現代監査』第 16 号，2006 年 3 月，47 〜 54 頁。

井上［2007］　井上善弘「日本的内部統制監査の特質」『現代監査』第 17 号，2007 年 3 月，16 〜 23 頁。

井上［2009］　井上善弘「ダイレクト・レポーティングとしての内部統制監査」『産業経理』第 68 巻第 4 号，2009 年 1 月，63 〜 74 頁。

井上［2018］　井上善弘「全社的な内部統制に関する一考察」『産業経理』第 78 巻第 2 号，2018 年 7 月，47 〜 55 頁。

上田［2017］　上田耕治「監査リスクの暫定的評価と監査戦略：監査リスク・アプローチの効率性のしくみと限界」『産研論集（関西学院大学）』第 44 号，2017 年 3 月，59 〜 66 頁。

会計監査の在り方に関する懇談会［2016］「－会計監査の信頼性確保のために－「会計監査の在り方に関する懇談会」提言」，2016 年 3 月 8 日。

企業会計審議会［1956］「監査基準の設定について」（1956 年 12 月 25 日）。

企業会計審議会［2002］「監査基準の改訂について」（2002 年 1 月 25 日）。

企業会計審議会［2004］「財務情報等に係る保証業務の概念的枠組みに関する意見書」（2004 年 11 月 29 日）。

企業会計審議会［2007］「財務報告に係る内部統制の評価及び監査の基準並びに財務報告に係る内部統制の評価及び監査の実施基準の設定について（意見書）」，2007 年 2 月 15 日。

企業会計審議会［2011］「財務報告に係る内部統制の評価及び監査の基準並びに財務報告に係る内部統制の評価及び監査の実施基準の改訂について（意見書）」，2011 年 3 月 30 日。

企業会計審議会［2018］「監査基準の改訂に関する意見書」，2018 年 7 月 5 日。

企業会計審議会［2019］「財務報告に係る内部統制の評価及び監査の基準並びに財務報告に係る内部統制の評価及び監査の実施基準の改訂について（意見書）」，2019 年 12 月 6 日。

企業会計審議会［2020］「監査基準の改訂に関する意見書」，2020 年 11 月 6 日。

金融審議会金融分科会第一部会［2004］「金融審議会金融分科会第一部会報告－ディスクロー
　ジャー制度の信頼性確保に向けて」，2004 年 12 月 24 日。

金融庁［2004a］「ディスクロージャー制度の信頼性確保に向けた対応について」，2004 年 11
　月 16 日。

金融庁［2004b］「ディスクロージャー制度の信頼性確保に向けた対応（第二弾）について」，
　2004 年 12 月 24 日。

金融庁［2007］「金融・資本市場競争力強化プラン」，2007 年 12 月 21 日。

高田［1976］　高田正淳「監査における指導的機能と指導性説」『国民経済雑誌』第 134 巻第
　1 号，1976 年 7 月，16 ～ 31 頁。

高原［2015］　高原利栄子「内部統制監査の現状と課題～監査理論の観点から～」『現代監
　査』第 25 号，2015 年 3 月，95 ～ 103 頁。

高原［2019］　高原利栄子「内部統制報告と保証業務の課題」『産業経理』第 78 巻第 4 号，
　2019 年 1 月，138 ～ 145 頁。

東京証券取引所・日本公認会計士協会［2005］「東証・協会による共同プロジェクト中間報
　告」，2005 年 3 月 15 日。

鳥羽［2009］　鳥羽至英『財務諸表監査 理論と制度（発展篇）』国元書房，2009 年。

長吉［2013］　長吉眞一『監査意見形成の構造と分析』中央経済社，2013 年。

長吉［2014］　長吉眞一『監査基準論（第 3 版）』中央経済社，2014 年。

日本公認会計士協会監査基準委員会［2006］　監査基準委員会報告書第 29 号「企業及び企業
　環境の理解並びに重要な虚偽表示のリスクの評価」，2006 年 3 月 30 日。

日本公認会計士協会監査基準委員会［2007］　監査基準委員会報告書第 30 号「評価したリス
　クに対応する監査人の手続」，2007 年 3 月 16 日。

日本公認会計士協会監査基準委員会［2016］　監査基準委員会報告書（序）「監査基準委員会
　報告書の体系及び用語」，2016 年 1 月 26 日。

日本公認会計士協会監査基準委員会［2019a］　監査基準委員会報告書 200「財務諸表監査に
　おける総括的な目的」，2019 年 6 月 12 日。

日本公認会計士協会監査基準委員会［2019b］　監査基準委員会報告書 315「企業及び企業環
　境の理解を通じた重要な虚偽表示リスクの識別と評価」，2019 年 6 月 12 日。

日本公認会計士協会監査基準委員会［2019c］　監査基準委員会報告書 330「識別したリスク
　に対応する監査人の手続」，2019 年 6 月 12 日。

日本公認会計士協会監査・保証実務委員会［2018］　監査・保証実務委員会研究報告第 32 号
　「内部統制報告制度の実効性の確保について」，2018 年 4 月 6 日。

日本公認会計士協会監査・保証実務委員会［2020］　監査・保証実務委員会報告第 82 号「財務報告に係る内部統制の監査に関する実務上の取扱い」，2020 年 3 月 17 日。

日本公認会計士協会近畿会監査問題特別委員会［2017］　「提言書〜監査の諸問題に関するアンケート結果から〜」，2017 年 3 月。

八田［2006］　八田進二『これだけは知っておきたい内部統制の考え方と実務』日本経済新聞社，2006 年。

八田・堀江・藤沼［2019］　八田進二・堀江正之・藤沼亜起『［鼎談］不正−最前線〜これまでの不正，これからの不正〜』同文舘，2019 年。

町田［2005］　町田祥弘「特集「保証業務の概念的枠組みに関する意見書」の完全解説　内部統制報告への適用」『企業会計』第 57 巻第 4 号，2005 年 4 月，34 〜 41 頁。

町田［2015］　町田祥弘『内部統制の知識（第 3 版）』日本経済出版社，2015 年。

松本［2007］　松本祥尚「内部統制監査の財務諸表監査への統合化−投資リスクの観点から−」『会計・監査ジャーナル』第 19 巻第 11 号，2007 年 11 月，68 〜 74 頁。

森［1999］　森實『監査要論（第 3 版）』中央経済社，1999 年。

山浦［2005］　山浦久司「特集「保証業務の概念的枠組みに関する意見書」の完全解説　意見書の背景，意義及び内容」『企業会計』第 57 巻第 4 号，2005 年 4 月，18 〜 25 頁。

山浦［2008］　山浦久司『会計監査論（第 5 版）』中央経済社，2008 年。

山﨑［2006］　山﨑秀彦「内部統制の現代的課題と将来─内部統制の有効性の開示と監査人によるその評価を中心に─」『現代監査』第 16 号，2006 年 3 月，36 〜 43 頁。

山田［2015］　山田善隆「内部統制監査と財務諸表監査の関係性からの内部統制報告制度の将来像に関する一考察」『現代監査』第 25 号，2015 年 3 月，104 〜 112 頁。

山桝［1971］　山桝忠恕『近代監査論』千倉書房，1971 年。

吉見［2009］　吉見宏「内部統制基準制定の契機：西武鉄道等の事例との関連」『經濟學研究（北海道大学）』58 巻 4 号，2009 年 3 月，217 〜 222 頁。

Akresh［2010］Akresh, A.D. "A Risk Model to opine on Internal Control," *Accounting Horizons*, Vol.24, No.1. pp.65-78.

Kinney et al.［2013］Kinney, Jr, W.R., Martin, R.D., and Shepardson, "Reflection on a Decade of SOX 404（b）Audit Production and　Alternatives," *Accounting Horizons*, Vol.27, No.4. pp.799-813.

Mautz and Sharaf［1961］R.K. Mautz and Hussein A. Sharaf, *The Philosophy of Auditing*, American Accounting Association, 1961.（近澤弘治監訳，関西監査研究会訳，マウツ＆シャラフ『監査理論の構造』中央経済社，1987 年。）

PCAOB［2004］*An Audit of Internal Control Over Financial Reporting Performed in*

Conjunction with An Audit of Financial Statements. (Auditing Standard No.2)

PCAOB [2007a] *Auditing Standard No.5, An Audit of Internal Control Over Financial Reporting That Is Integrated with An Audit of Financial Statements, Appendix A.* (PCAOB Release No.2007-005A, June 12, 2007.)

PCAOB [2007b] *Auditing Standard No.5, An Audit of Internal Control Over Financial Reporting That Is Integrated with An Audit of Financial Statements, Appendix B.* (PCAOB Release No.2007-005A, June 12, 2007.)

索　引

サ

《著者紹介》

井上善弘（いのうえ・よしひろ）

　1989 年　神戸大学経営学部卒業
　1991 年　神戸大学大学院経営学研究科博士課程前期課程修了
　1995 年　香川大学経済学部助教授
　2004 年　香川大学経済学部教授（現在に至る）

（検印省略）

2021 年 2 月 20 日　初版発行　　　　　　　　　　　　　略称 ―内部統制

内部統制監査の論理と課題

著　者	井 上 善 弘	
発行者	塚 田 尚 寛	

発行所	東京都文京区 春日 2 －13－1	**株式会社 創 成 社**

　　　　電　話　03（3868）3867　　Ｆ Ａ Ｘ　03（5802）6802
　　　　出版部　03（3868）3857　　Ｆ Ａ Ｘ　03（5802）6801
　　　　http://www.books-sosei.com　振　替　00150-9-191261

定価はカバーに表示してあります。

©2021 Yoshihiro Inoue　　　　組版：スリーエス　印刷：エーヴィスシステムズ
ISBN978-4-7944-1560-8 C3034　製本：エーヴィスシステムズ
Printed in Japan　　　　　　　落丁・乱丁本はお取り替えいたします。

――――――――― 簿記・会計選書 ―――――――――

内部統制監査の論理と課題	井 上 善 弘　　著	2,350 円
監 査 の 原 理 と 原 則	デヴィッド・フリント　　著 井 上 善 弘　　訳	2,400 円
会 計 学 の 基 層	村 田 直 樹　　著	2,700 円
日 本 簿 記 学 説 の 歴 史 探 訪	上 野 清 貴　　編著	3,000 円
全 国 経 理 教 育 協 会 公式 簿記会計仕訳ハンドブック	上 野 清 貴 吉 田 智 也　　編著	1,200 円
現 代 会 計 の 論 理 と 展 望 ―会 計 論 理 の 探 求 方 法―	上 野 清 貴　　著	3,200 円
IFRS 教 育 の 実 践 研 究	柴　　健 次　　編著	2,900 円
IFRS 教 育 の 基 礎 研 究	柴　　健 次　　編著	3,500 円
非 営 利 組 織 会 計 テ キ ス ト	宮 本 幸 平　　著	2,000 円
現 代 管 理 会 計 論 再 考 ―会計と管理，会計と非会計を考える―	足 立　　浩　　著	3,700 円
社 会 化 の 会 計 ―す べ て の 働 く 人 の た め に―	熊 谷 重 勝 内 野 一 樹　　著	1,900 円
活動を基準とした管理会計技法の展開と経営戦略論	広 原 雄 二　　著	2,500 円
ラ イ フ サ イ ク ル・コ ス テ ィ ン グ ― イ ギ リ ス に お け る 展 開 ―	中 島 洋 行　　著	2,400 円
ア メ リ カ 品 質 原 価 計 算 研 究 の 視 座	浦 田 隆 広　　著	2,200 円

(本体価格)

――――――――――――――――― 創 成 社 ―――――